MINIATUREN

Fingerfood & Co aus Österreich

für Feste und Gäste

MINIATUREN

Fingerfood & Co aus Österreich

für Feste und Gäste

Mit Fotografien von
Simone Leonhartsberger

braumüller

Bibliografische Information der Deutschen Nationalbibliothek
Die Deutsche Nationalbibliothek verzeichnet diese Publikation in
der Deutschen Nationalbibliografie; detaillierte bibliografische
Daten sind im Internet über http://dnb.d-nb.de abrufbar.

1. Auflage 2019
© 2019 by Braumüller GmbH
Servitengasse 5, A-1090 Wien
www.braumueller.at

Texte: Braumüller Verlag
Fotos, Cover, Satz und Layout: Simone Leonhartsberger

Andere Quellen:
Seite 24/25: © Joachim Bartz (Wikimedia Commons, CC-BY-SA-3.0); Seite 40/41: © shutterstock /
Vadym Lavra; Seite 54/55: © shutterstock / Elena Protcheva; Seite 64/65: © shutterstock / Alex Tor;
Seite 84/85: © GuentherZ (Wikimedia Commons, CC BY-SA 3.0 AT); Seite 100: © Kurt-Michael
Westermann; Seite 108/109: © shutterstock / Vladislav Gajic; Seite 124: © Bernhard Borovansky;
Seite 148/149: © shutterstock / Luciano Mortula - LGM; Seite 162/163: © shutterstock / Stoica Ionela;
Seite 170/171: © Jan Lackner; Seite 190/191: © shutterstock / Anilah; Seite 196/197: © shutterstock /
vichie81; Seite 210/211: © shutterstock / Dmitrii Iarusov

Druck: EuroPB, Dělostřelecká 344, CZ 261 01 Příbram
ISBN 978-3-99100-294-9

Für meine vielen treuen Kunden und Freunde!

Für euch, die ihr mich durch eure Bestellungen dazu gebracht habt,
der österreichischen Küche die verdiente Aufmerksamkeit zu widmen.
Für euch, die mich Abertausende Miniaturschnitzel panieren und
ebenso viele Miniatursacherküchlein ausstechen habt lassen.
Und die ihr mir immer wieder den Anstoß gegeben habt, dabei die
kleinen Verbesserungen zu entwickeln, die dieser wunderbaren Küche
und ihren Rezepten den Geschmack unserer Zeit verleihen!

VORWORT

Meine Liebe zu Büchern im Allgemeinen und zu Kochbüchern im Speziellen währt schon ziemlich lang. Ich bin gelernte Buchhändlerin und habe drei Jahre in einem Kinderbuchverlag an der Herstellung ebensolcher mitgearbeitet.

Das Kochen habe ich mir selbst beigebracht und auf dem Weg, dieses Handwerk zu erlernen, haben mich Kochbücher stets begleitet. Zu meiner Hochzeit bekam ich von meiner Mutter „die Hess" (wie das Kochbuch von Olga Hess genannt wurde), die mich auf unseren Auslandsaufenthalten treu begleitet hat. Immer wieder habe ich mir Ideen, aber auch Know-how aus diesem Kochbuch geholt und auch heute noch steht es in Reichweite in meiner Küche.

Ein weiteres, mich prägendes Kochbuch habe ich in London entdeckt und zwar bei unserem ersten Schnupperaufenthalt vor unserer Übersiedlung dorthin. Ich war anfangs ziemlich unglücklich über dieses Abenteuer, weshalb mein Mann ein halbes Jahr davor ein Wochenende organisierte, das mich überzeugen sollte – und schlussendlich auch überzeugt hat. In London lag damals in allen Buchhandlungen Nigel Slaters Kochbuch „Real Food" auf, in dem er mit so viel Begeisterung über Essen spricht, dass er mich damit sofort ansteckte. Von professionellem Kochen meinerseits konnte damals noch keine Rede sein. Meine große Liebe zu Fingerfood erweckte Eric Treuilles „Canapés". Seine Rezepte und ansprechenden Fotos legten in mir so etwas wie den Grundstein für meine Liebe zu Fingerfood und nährten sie. Aber nicht nur das: In Nord-London gab es damals, und gibt es hoffentlich noch heute, eine Buchhandlung, die nur Kochbücher verkauft. 1998 war das eine Neuheit. Im hinteren Teil der Buchhandlung befanden sich ein paar Tische, wo jeden Tag eine oder zwei Speisen aus einem der Kochbücher serviert wurden. Eric Treuille war der Besitzer dieser Buchhandlung und Herausgeber eines Kochkursführers für London. Mein Cateringunternehmen „À Table!" war dort an erster Stelle genannt, was mich besonders freute und stolz machte.

„À Table!" ist seit damals stetig weiter gewachsen und die Anzahl der Kunden, bei denen mein Team im schicken grauen „À Table!"-Lieferwagen, beladen mit diversen Köstlichkeiten, vorfährt, steigt immer weiter. Was sich in diesen Jahren nicht verändert hat, ist die kulinarische Vielfalt, die ich meinen Kunden und Gästen anbiete: französisch, mediterran, asiatisch, classic european – es gibt laufend neue Geschmacksrichtungen zu entdecken und zu probieren.

Aber jetzt: österreichische Küche

Und dennoch: Es ist die österreichische Küche, die immer wieder gewünscht wird und daher fester Bestandteil meines Repertoires ist. Regelmäßig tauchen die Klassiker auf den

Wunschlisten meiner Kunden und Gäste auf und so serviere ich immer wieder Österreichi-sches: vom Miniatur-Wiener-Schnitzel für den Cocktail über das Kalbsgulyás mit Nockerln als Bowl Food für das Flying Dinner bis hin zum Tafelspitz mit allen klassischen Beilagen zum gesetzten Dinner.

Das Verlangen nach österreichischen Gerichten darf nicht überraschen: Kaum eine Küche hat so eine Fülle an unterschiedlichen Stilrichtungen zu bieten. Das ist einerseits auf die Entstehungsgeschichte der österreichischen Küche in der Habsburgermonarchie zurück-zuführen; mit der Expansion des Habsburgerreichs nach Westen unter Maximilian I., nach Osten unter Leopold I. und Nordosten unter Franz Joseph I. wurden so unterschiedliche Traditionen – wie die französische (Burgund), türkische, italienische und polnische Küche – integriert und im großen Schmelztiegel der späten Monarchie in die große bürgerliche Kü-che des reichen Wiener Bürgertums aufgenommen und angepasst. Wer genau hinschaut, erkennt im hauchdünnen Blätterteig des berühmten gezogenen Wiener Apfelstrudels die Feinheit und Knusprigkeit seiner Abstammung vom türkischen Baklava. Das lang ge-schmorte Fiakergulyás mit seinen sanften Paprika- und Zwiebeltönen kann seine Abstam-mung aus der Puszta nicht verleugnen, auch wenn die hungrigen Wiener Kutscher dann Knödel, Spiegelei und Essiggurkerl dazufügen ließen.

Diese geografisch weit gestreute Abstammung macht auch das Besondere an der öster-reichischen Küche aus: die Fülle an Geschmacks-, Textur- und Aromenkombinationen. Das Wiener Schnitzel zum Beispiel ist gut zubereitet eine wundervolle Kombination von Textur und Geschmäckern – das Fleisch vom Kalb zart, aber mit Biss, die knusprige Panier und das duftige Aroma von Butter oder Schmalz (Rezept siehe Seite 82). Doch auch andere Gerichte wie etwa ein Kalbsgulyás haben einiges zu bieten: Es ist eine unvergleichliche Komposition von Zwiebeln, Paprika und Rindsuppe, die am Schluss harmonisch und dis-kret sein muss, um das feine Kalbfleisch nicht zu verdrängen (Rezept siehe Seite 114). Und nicht zu vergessen sind die Nachspeisen, für die die österreichische Küche zu Recht be-rühmt ist. Man denke nur an einen in der Pfanne gebratenen Kaiserschmarren, der luftig und doch knusprig ist und sich zart gezuckert harmonisch mit der Säure des Kompotts verbindet.

Für mich ist das der Grund, der Vielfalt und den Geheimnissen der österreichischen Küche ein Kochbuch zu widmen.

Modern kochen

Aber natürlich hat sich die Kochwelt seit den seligen Zeiten des „Sacher Kochbuchs" ver-ändert. Heutzutage wird leichter und bewusster gekocht, wir berücksichtigen ernährungs-wissenschaftliche Erkenntnisse und können auch die internationalen Einflüsse nutzen, um selbst althergebrachte traditionelle Rezepte zu verbessern: Man kann zum Beispiel die Knusprigkeit der Panier beim Wiener Schnitzel durch die Verwendung von Pankomehl, einer traditionellen japanischen Spezialität, noch einmal steigern. Und so habe ich in diesem Kochbuch den traditionellen Rezepten hier und da einen kleinen Kick, eine interessante Variation oder eine sanfte Modernisierung zuteilwerden lassen. Auch die inzwischen weitverbreitete Nachfrage nach vegetarischen Gerichten, die in der traditionellen österreichischen Küche kaum zu finden waren, wird gestillt. Sie halten also ein österreichisches Kochbuch aus dem 21. Jahrhundert in Händen: leichter, moderner und neu präsentiert.

Fingerfood, Bowl Food oder gesetztes Essen?

Das Schönste für einen Koch oder Gastgeber ist, den Genuss seiner Gäste zu erleben – und was eignet sich besser als Fingerfood, um die Komposition und Textur von Zutaten zu verdichten. Ein einziger Bissen und der Koch sieht im Augenblick, ob tatsächlich alles stimmt.

Dieses Kochbuch enthält Rezepte für die kleinen Happen, die die kulinarische Welt bedeuten können. Meine Hoffnung ist, dass ich mit meinen Rezepten für österreichisches Fingerfood das rasche Ende der labbrigen Weißbrotschnitten, der Emmentalerwürfel mit Weintrauben am Zahnstocher und ähnlicher Rezepte aus Omas Cocktailzeiten, die man in alten österreichischen Kochbüchern findet, beschleunigen kann.

Darüber hinaus habe ich Rezepte der klassischen österreichischen Küche für kleine Schüsselchen entwickelt. Bowl Food ist die moderne Variante des Buffets: Anstelle von überhäuften Tellern, bei denen die Salatsauce mit dem Fleischsaft verrinnt und nichts mehr richtig schmeckt, gibt es drei, vier oder mehr Hauptspeisen in kleinen Portionen. Jede einzelne wird appetitlich angerichtet, geschmacklich genau abgestimmt und mit den richtigen Zuspeisen serviert: das Gulyás etwa heiß, mit Nockerln und genau der richtigen Menge Saft, knusprige Schnitzel mit Erdäpfelsalat und Linsenpörkölt mit flaumigem Serviettenknödel. Jedes Rezept kann aber auch für das Familienessen oder die Essenseinladung in traditionellen Portionen angerichtet werden.

Kein Stress!

Das Wichtigste zu guter Letzt: Kochen muss immer Spaß machen und darf keinen Stress verursachen. Die Rezepte sind daher alle so aufgebaut, dass am Beginn die Zutaten, dann die Zubereitung und zu guter Letzt die Fertigstellung zu finden sind.
In diesem Sinne, viel Spaß beim Kochen und gutes Gelingen!

Ihre

Martina Lessing

INHALT

FINGERFOOD UND SUPPEN

🌿 = vegetarisch

SCHÜSSELCHEN

NACHSPEISEN

GEBRAUCHSANWEISUNG

Mengen für Fingerfood

Eine ganz einfache Regel gibt es: Wenn ich für einen kleinen Empfang, der ungefähr 2 Stunden dauert, nur kleine Häppchen koche, so rechne ich mit 4–6 Stück pro Kopf pro Stunde, d. h. also 8–10 Stück pro Kopf bei diesem Empfang. Findet dieser Empfang jedoch zu einer der Hauptmahlzeiten statt und es ist nicht davon auszugehen, dass die Gäste nachher noch essen gehen, muss man die Zahl der Häppchen etwas erhöhen.

Wenn ich hingegen Fingerfood und anschließend noch kleine warme Schüsselchen serviere, dann rechne ich ca. 5 Stück Fingerfood und dann für 10 Gäste 2 Sorten der warmen Speisen, für 20 Gäste 3 Sorten usw. Bei den Nachspeisen bleibt es meistens doch sehr individuell und Sie haben freies Spiel.

Mengenangaben für Schüsselchen

Bei den Schüsselchen ist die angegebene Menge für „normale" Portionen zu verdoppeln.

Rezept bis zum Schluss durchlesen

Dies ist ein ganz wichtiger Rat, an den man sich meistens erst dann erinnert, wenn es bereits zu spät ist – ich spreche aus bitterer Erfahrung. Daher immer zuerst die Zutatenliste und das gesamte Rezept studieren, um sicherzustellen, dass alle Zutaten und Geräte vorhanden sind. Es gibt nichts Lästigeres, als beim Kochen feststellen zu müssen, dass einem das eine oder andere Gewürz fehlt oder die liebe Freundin den Mixer noch nicht zurückgegeben hat.

Vorausplanung

Vorausplanung ist nicht nur die Garantie für ein stressfreies Arbeiten, sondern auch für einen entspannten Abend.

Backen ist nicht kochen

Die Rezepte in diesem Buch führen Sie Schritt für Schritt zum gewünschten Erfolg und ich garantiere Ihnen, dass Ihr Essen am Ende so aussehen wird wie auf den Fotos. Alles, was abgebildet ist, wurde nachher auch mit Genuss verzehrt, keine Tricks und falschen Lebensmittel.

Bei den kleinen Vorspeisen und auch bei den Schüsselchen können Sie getrost experimentieren und auch mal eine Zutat durch eine andere ersetzen. Beim Backen gilt das allerdings nicht: Kuchen sind Sensibelchen und erfordern genaue Mengen- und Mischverhältnisse der Zutaten.

Schummeln oder Abkürzung
Schummeln nur, wenn es sein muss. Eine fertige Tomatensauce zu verwenden, ist zum Beispiel durchaus möglich, allerdings kann die Qualität der Speise darunter leiden.

Spezielle Diäten
Heutzutage haben viele Menschen verschiedenste Unverträglichkeiten, daher im Zweifelsfall immer nachfragen.

Zu beachten
Nur was man hineingibt, kann man auch herausschmecken, das gilt nicht nur für den Kochwein, sondern zum Beispiel auch für Gemüse- und Rindsuppe zum Aufgießen.

Das Wichtigste aber sind der Spaß und das Gespür am Kochen!

GRUNDREZEPTE

MAYONNAISE

Zutaten:
1 Ei
1 EL Estragonsenf
1 EL Apfelessig
Salz und Pfeffer
ca. 200 ml Sonnenblumenöl

Zubereitung:
In einem hohen Mixbecher das ganze Ei, den Senf, den
Essig und Salz und Pfeffer mit einem Stabmixer verquirlen.
Das Öl in einem dünnen Strahl langsam dazugießen,
bis die Mayonnaise eindickt. Nochmals abschmecken.

Tipp:
Die Zubereitung funktioniert tatsächlich nur in einem
schmalen, hohen Gefäß!

Als Variation kann man den Essig durch Zitronensaft ersetzen – schmeckt gut zu Fisch. Oder man nimmt statt
des Sonnenblumenöls ein Olivenöl, gibt zusätzlich eine
Knoblauchzehe hinzu und erhält somit ein Aioli.

MÜRBTEIG FÜR PIKANTE SPEISEN

Zutaten:
250 g Mehl
½ TL Salz
130 g kalte Butter, in Würfeln
1 Eigelb
3 EL Wasser

Zubereitung:
Alle Zutaten in einen Food Processor geben und so lange
pulsieren lassen, bis ein bröckeliger Teig entsteht. Den Teig
auf eine bemehlte Fläche leeren und mit einem Teigroller
ausrollen. Dann den Teig in die gewünschte Form bringen
(z. B. in eine Minimuffin-, Tarte- oder Tartelettes-Form
drücken) und mindestens 30 Minuten kalt stellen.

GEMÜSESUPPE

Zutaten:

2 Bund Suppengrün
1 Zwiebel
2 EL Sonnenblumenöl
1 Lorbeerblatt
ein paar getrocknete Steinpilze
1 TL Pfefferkörner
1 TL frischer oder
getrockneter Liebstöckel

Zubereitung:

Das Gemüse waschen und in grobe Stücke schneiden.
Die ungeschälte Zwiebel ebenfalls in grobe Stücke
schneiden. Das Öl in einem großen Topf erhitzen und
das Gemüse darin anbraten. Mit 3 Liter Wasser auffüllen
und mit den Gewürzen 2 Stunden leise köcheln lassen.

Das Gemüse entfernen und noch etwas einkochen lassen.

Tipp:

Die Suppe lässt sich gut portionsweise einfrieren.

FINGERFOOD UND SUPPEN

BEEF TATAR AUF TOAST

Zutaten für
ca. 25 Stück

Zutaten:

250 g faschiertes Rindsfilet
1 Schalotte
1 EL Kapern
2 EL Senf
1 TL Ketchup
1 Eidotter
1/2 TL Paprikapulver, edelsüß
5 Scheiben Toastbrot, getoastet
13 Wachteleier

Zubereitung:

Die Wachteleier 1–2 Tage vorher einfrieren.

Schalotte und Kapern fein schneiden und mit Senf, Ketchup, Paprikapulver, Salz, Pfeffer und Fleisch vermischen. Den Eidotter unterrühren und abschmecken.

Die Wachteleier aus dem Tiefkühler nehmen und auftauen lassen. Aufschlagen und das Eiweiß entfernen. Was übrig bleibt, ist ein Eidotter in einer wächsernen, sehr cremigen Konsistenz, der sich mit dem Messer teilen lässt und mit dem man das Beef Tatar zum Schluss garniert.

Zu guter Letzt:

Die Toastscheiben vierteln oder Kreise ausstechen,
das Beef Tatar darauf servieren und mit den halbierten
Wachteleidottern garnieren.

PIKANTE BRANDTEIGKRAPFERL

Zutaten für ca. 40 Brandteigkrapferl

Zutaten:

Für den Brandteig:
125 ml Milch
60 g Butter
90 g Mehl
2 große Eier
1 Prise Salz

Für den Eiaufstrich:
4 Eier
50 g weiche Butter
150 g Frischkäse
2 EL Sardellenpaste
etwas Schnittlauch

Für die Liptauerfülle:
50 g weiche Butter
100 g Topfen (20 %)
1 EL Senf
2 EL Sauerrahm
1 kleine Schalotte
1 Essiggurkerl
1 TL Kümmel
2 TL Paprikapulver, edelsüß
1 TL Kapern

Für den Kürbiskernaufstrich:
50 g weiche Butter
100 g Topfen (20 %)
1 EL Senf
2 EL Sauerrahm
1 kleine Schalotte
20 g gemahlene Kürbiskerne
1 EL Kernöl

Zubereitung:

Das Backrohr auf 160 °C Umluft vorheizen.

Zuerst den Brandteig zubereiten: In einem Topf die Milch mit der Butter aufkochen, dann das Mehl auf einmal dazugeben und mit dem Kochlöffel so lange rühren, bis sich der Film am Boden des Topfes gelöst hat. Kurz abkühlen lassen. Die Eier einzeln einrühren und eine Prise Salz hinzufügen. Wieder abkühlen lassen. In einen Spritzsack füllen und auf ein mit Backpapier belegtes Blech spritzen (oder mit 2 kleinen Löffeln Krapferl formen). Im Rohr ca. 15 Minuten backen.

Für den Eiaufstrich die Eier hart kochen und abschrecken. Abkühlen lassen. Die weiche Butter mit der Sardellenpaste verrühren. Die Eier klein hacken und mit dem Frischkäse und dem Schnittlauch unter die Butter rühren. Mit Salz und Pfeffer abschmecken.

Für die Liptauerfülle Schalotte, Gurkerl und Kapern fein hacken. Alle Zutaten cremig verrühren und mit Salz und Pfeffer abschmecken.

Für den Kürbiskernaufstrich die Schalotte fein hacken und mit allen Zutaten cremig verrühren. Mit Salz und Pfeffer abschmecken.

Zu guter Letzt:

Die Krapferl aufschneiden und nach Belieben füllen.

Tipp:

Die Füllen lassen sich schon einige Tage vorher zubereiten.

Thomas-Bernhard-Haus, Blick von der Straße

BRANDTEIGKRAPFEN, DIE ICH LIEBE

Voss

Du denkst ich esse die Brandteigkrapfen

ja vielleicht esse ich sogar einen Brandteigkrapfen

vielleicht

der Teufel sagt

iß den Brandteigkrapfen

den deine Schwester gebacken hat

der Teufel sagt es

der Teufel sagt es

und Ludwig ißt ihn

Aus: Thomas Bernhard, Ritter, Dene, Voss, S. 110

ERBSENLOLLIS MIT MINZEDIP

Zutaten für ca. 40 Stück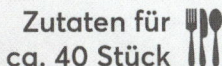

Zutaten:
500 g TK-Erbsen
1 Schalotte
1 Ei
2 EL Semmelbrösel
1 EL Minze
1 EL Öl
Mehl, Eier, Pankomehl zum Panieren
Öl zum Frittieren

Für den Dip:
250 ml Sauerrahm
2 EL frische Minze

Zubereitung:
Die Schalotte klein schneiden und im Öl glasig braten. Die Erbsen kurz blanchieren und grob zerstampfen. Mit dem Ei, den Semmelbröseln, der Schalotte und der gehackten Minze vermischen und mit Salz und Pfeffer abschmecken. Zu runden Lollis, also kleinen Kugeln, formen und über Nacht einfrieren.

Die Lollis aus dem Tiefkühler nehmen, danach zuerst in Mehl, dann in verschlagenem Ei wenden und zuletzt im Pankomehl wälzen.

Für den Dip Sauerrahm mit gehackter Minze und Salz verrühren.

Zu guter Letzt:
Die Lollis in heißem Öl knusprig braun frittieren und aufgespießt mit dem Dip servieren.

ERBSENSUPPE MIT SPINAT

Zutaten für ca. 1,2 Liter

Zutaten:
300 g Erbsen
70 g Babyspinat
2 Frühlingszwiebel
750 ml Gemüsefond
1 Handvoll Basilikum
100 g Naturjoghurt
1 EL Öl

Zubereitung:
Die Frühlingszwiebeln schneiden und im Öl anbraten.
Die Erbsen und den Gemüsefond dazugeben und aufkochen.
5 Minuten kochen lassen, den Spinat und das Basilikum
dazugeben und vom Herd nehmen. Fein pürieren und mit
Salz und Pfeffer abschmecken.

Zu guter Letzt:
Das Joghurt einrühren und in kleinen Espressotassen servieren.

Tipp:
Schmeckt auch kalt gut!

ERDÄPFEL-SCHWAMMERL-SUPPE

Zutaten für ca. 1,2 Liter

Zutaten:

300 g speckige Erdäpfel
150 g Schwammerl
(Champignons)
50 g Zwiebel
1 Knoblauchzehe
1 EL Butter
1 EL Öl
1 TL gemahlene Steinpilze
1 l Gemüsesuppe
1 EL Majoran, ev. ein paar
Tropfen Majoranöl
etwas Schlagobers für das
Obershäubchen

Zubereitung:

Zwiebel und Knoblauchzehe klein schneiden und in einer Butter-Öl-Mischung anbraten. Erdäpfel und Schwammerl ebenfalls klein schneiden und dazugeben. Kurz mitbraten. Mit der Suppe aufgießen. Das Steinpilzpulver hinzufügen und mit Majoran, Salz und Pfeffer würzen. Ca. 15 Minuten leise köcheln lassen. Abschmecken.

Zu guter Letzt:

Einen Teil der Suppe mit dem Pürierstab pürieren. Beide Teile anschließend wieder vermengen. Das Schlagobers steif schlagen und die Suppe mit einem kleinen Obershäubchen servieren.

FASCHIERTE LABERL MIT ERDÄPFELPÜREE AM LÖFFEL

Zutaten für ca. 30 kleine Laibchen

Zutaten:

250 g gemischtes Faschiertes
1 Schalotte
1 EL Senf
1 Eidotter
1 TL Majoran
Butterschmalz

Für das Püree:

500 g Ofenerdäpfel
100 ml heiße Milch
50 g Butter
Muskatnuss
1 Frühlingszwiebel
etwas Sonnenblumenöl zum Frittieren

Zubereitung:

Das Backrohr auf 160 °C Umluft vorheizen.

Die Schalotte fein würfeln und mit dem Faschierten vermengen. Senf, Eidotter, Majoran und Salz und Pfeffer dazugeben und abschmecken. Aus der Masse kleine Laibchen formen. In einer Pfanne Butterschmalz erhitzen und die Laibchen darin braten.

Für das Püree die Erdäpfel einstechen und im Backrohr 40 Minuten backen, bis sie weich sind. Aufschneiden und das Fruchtfleisch aus der Schale kratzen. Mit der heißen Milch, Butter und Muskatnuss vermischen und durch ein Sieb passieren. Mit Salz abschmecken.

Die Frühlingszwiebel in feine Scheiben schneiden und in ein wenig Sonnenblumenöl frittieren.

Zu guter Letzt:

Etwas Erdäpfelpüree auf einen Löffel spritzen, ein Laibchen darauf setzen und mit frittierten Frühlingszwiebelringen garnieren.

FISCHLOLLIS
MIT KAPERNDIP

Zutaten für ca. 25 Stück

Zutaten:

200 g mehlige Erdäpfel
100 g kalt geräucherter Fisch
(z. B. Heilbutt)
50 g TK-Erbsen
Eier, Mehl und Brösel
zum Panieren
Öl zum Frittieren

Für den Kaperndip:

2 EL Mayonnaise
2 EL Sauerrahm
1 EL gehackte Kapern
Salz

Zubereitung:

Die Erdäpfel weich kochen, schälen und zerdrücken.
Den Fisch mit 2 Gabeln zerkleinern, mit den Erbsen und den
Erdäpfeln vermischen und mit Salz und Pfeffer abschmecken.
Daraus mit feuchten Händen kleine Kugeln (ca. 2,5 cm
Durchmesser) formen und diese über Nacht einfrieren.

Die Lollis aus dem Tiefkühler nehmen, danach zuerst in Mehl,
dann in verschlagenem Ei wenden und zuletzt in den Bröseln
wälzen.

Für den Kaperndip alle Zutaten miteinander vermengen und
abschmecken.

Zu guter Letzt:

Die Fischlollis in heißem Öl frittieren und aufgespießt mit dem
Dip servieren.

Tipp:

Die Lollis und der Dip lassen sich bereits am Vortag zubereiten.
Die Lollis kann man auch gut einfrieren.

FORELLENKAVIARMOUSSE

**Zutaten für
ca. 30 Stück**

Zutaten:
75 g Forellenkaviar
1/2 Bund Schnittlauch
1 TL geriebene Zitronenschale
250 g Crème fraîche
150 g Sauerrahm
3 Blatt Gelatine in
1 EL Weißwein aufgelöst

Zubereitung:
Crème fraîche und Sauerrahm miteinander verrühren,
Zitronenschale und klein geschnittener Schnittlauch dazugeben.
Die aufgelöste Gelatine in die Masse einrühren. Vorsichtig den
Kaviar unterrühren und würzen. In einen Spritzsack füllen und
auf eine Frischhaltefolie spritzen (ca. 2 cm Durchmesser). Fest
einrollen und kalt stellen.

Zu guter Letzt:
Kurz vor dem Servieren aus der Folie nehmen und in kleine
Scheiben schneiden. Auf getoastetem Brot servieren.

FORELLE, SAIBLING UND CO.

Im Land der vielen Seen, Bäche und Flüsse kommt auch oft Fisch auf den Tisch – über 80 heimische Fischarten von A(al) bis Z(ander) tummeln sich in österreichischen Gewässern. Auch wenn Karpfen und Forellen bei der österreichischen Fischzucht den Schwerpunkt bilden, so hat jede Region ihre typischen Fische. In den Flüssen Drau, Mur, Traun, Inn oder Salzach finden sich beispielsweise Äschen, in den Kärntner Seen wie dem Wörther- oder Millstätter See oder den tiefen Seen des Salzkammergutes wimmeln die Reinanken und

Altausseer See im steirischen Salzkammergut

im steirischen Ausseerland ist der Saibling der König unter den Fischen. Dem Saibling zu Ehren wird dort sogar jedes Jahr im Herbst ein eigenes kulinarisches Ereignis veranstaltet: die Lechpartie. Dabei werden die frisch gefangenen Saiblinge ausgenommen, auf Buchenstecken gespießt und in traditionellen Fischerhütten über einem offenen Feuer halb gegart, halb gegrillt. Die Fische werden dann in illustrer Runde und bei Musik mit einem Stück Brot und etwas Kren in der rauchigen Hütte gegessen.

FRÜHLINGSKRÄUTERSUPPE

Zutaten für ca. 1,2 Liter

Zutaten:
1 kleine Zwiebel
2 EL Butter
2 mittlere Erdäpfel
200 g Frühlingskräuter und
Babyspinat (Kerbel, Petersil,
Basilikum etc.)
750 ml Gemüsesuppe
200 ml Schlagobers
1 Schuss Zitronensaft
extra Schlagobers für ein
Häubchen zum Garnieren

Zubereitung:
Die Zwiebel klein schneiden, die Erdäpfel schälen und
würfelig schneiden.

Zwiebel und Erdäpfel in der Butter anbraten und mit der
Gemüsesuppe aufgießen. So lange köcheln lassen, bis die
Kartoffeln weich sind.

Kräuter und Spinat dazugeben und einmal kurz aufkochen.
Fein pürieren, das Schlagobers dazugeben und mit Salz und
Pfeffer und dem Zitronensaft abschmecken.

Zu guter Letzt:
Die Suppe in Espressotassen füllen und mit einem
Obershäubchen garniert servieren.

GEFLÜGELLEBERMOUSSE MIT APFEL ODER SPECK

Zutaten für ca. 20 Stück

Zutaten:

1 kleine Zwiebel
250 g Geflügelleber
150 g Butter
200 ml Schlagobers
1 EL Madeira
1 Apfel, würfelig geschnitten,
oder gebratene Speckstücke
oder Preiselbeergelee

Zubereitung:

Die Zwiebel schneiden. Die Leber von Sehnen befreien. Die Butter schmelzen und Zwiebel und Geflügelleber darin sanft braten, bis die Leber nur mehr rosa ist. Madeira dazugeben und fein pürieren (eventuell durch ein Sieb streichen). Auskühlen lassen.

Das Schlagobers steif schlagen und mit der Lebercreme vermengen. In einen Spritzsack füllen.

Zu guter Letzt:

Die Mousse auf getoastetes Weißbrot oder Cracker spritzen und mit Apfel, Speck oder Preiselbeergelee garnieren.

GURKENTATAR MIT FORELLENMOUSSE

Zutaten für ca. 20 Stück 🍴

Zutaten:

150 g geräucherte Forelle
125 g Frischkäse
70 g Crème fraîche
Kren
1 EL Zitronensaft
Cayennepfeffer
rote Pfefferkörner
Dille
1 Gurke
1 EL Öl
ein wenig Zitrone
für die Marinade

Zubereitung:

Die Gurke schälen und entkernen. In kleine Würfel schneiden und ein wenig salzen. 15 Minuten stehen lassen, dann die Flüssigkeit abgießen. Mit gehackter Dille, Öl, Zitrone und den Pfefferkörnern würzen. In kleine Gläschen füllen oder auf Löffel geben.

Forelle, Frischkäse, Zitronensaft und Kren pürieren, die Crème fraîche dazugeben und mit Cayennepfeffer abschmecken.

Zu guter Letzt:

Aus der Mousse mit 2 kleinen Löffeln Nockerl formen und auf das Gurkentatar setzen.

Tipp:

Die Mousse kann auch mit einem Spritzsack auf das Tatar gespritzt werden.

KARFIOLSUPPE MIT ZIEGENFRISCHKÄSE UND MOHNPESTO

Zutaten für ca. 1,2 Liter

Zutaten:
1 kleiner Karfiol
2 mittlere Erdäpfel
1 kleine Zwiebel
1 EL Butter
1 l Gemüsesuppe
100 g Ziegenfrischkäse
Mohnpesto
etwas Obers
zum Garnieren

Zubereitung:
Die Zwiebel klein schneiden und in der Butter anbraten.
Den Karfiol in Röschen teilen. Die Erdäpfel schälen und in
größere Stücke schneiden.

Karfiol und Erdäpfel zur Zwiebel geben und mit Suppe aufgießen.
Ca. 15 Minuten köcheln lassen, bis alles weich ist. Den Frischkäse
dazugeben und fein pürieren. Mit Salz und Pfeffer abschmecken.

Zu guter Letzt:
Das Obers aufschlagen und die Suppe mit Obershäubchen und
Mohnpesto garniert servieren.

KLARE PARADEISERSUPPE

Zutaten für ca. 1,5 Liter

Zutaten:
2 Bund Suppengrün
2 EL Öl
700 g Rinderfaschiertes
ein paar getrocknete Steinpilze
1 Lorbeerblatt
800 g reife Paradeiser
Kirschparadeiser als Einlage

Zubereitung:
Das Suppengrün grob hacken und in einem großen Topf im Öl anbraten. Das Fleisch dazugeben und ebenfalls anbraten. Mit 1,5 l Wasser aufkochen, die Pilze und das Lorbeerblatt dazugeben und 2 Stunden köcheln lassen. Über Nacht kalt stellen. Am folgenden Tag eventuell das Fett entfernen und durch ein feines Sieb gießen. Mit Salz und Pfeffer würzen und abschmecken. Aufkochen. Dann die halbierten Paradeiser dazugeben und mindestens 1 Stunde kochen lassen.

Die Suppe durch ein feines Sieb gießen und nochmals abschmecken.

Zu guter Letzt:
Halbierte Kirschparadeiser oder zur Suppe passende Ravioli in die Gläschen legen und die heiße Suppe darübergießen.

Tipp:
Dazu passen Parmesankekse:
In eine heiße Pfanne kreisförmig je 1 EL geriebenen Parmesan geben und schmelzen lassen. Mit einer Schaufel herausnehmen und abkühlen lassen.

Kukuruzfeld im österreichischen Alpengebiet

KUKURUZ UND PARADEISER

Wenn Oberösterreicher einen „Bunki schern" (Kuchen essen), Burgenländer „aududlt Woinba" (besoffen Trauben) essen und es in einer Tiroler Küche „fischgidelt" (nach Fisch stinkt), gibt es einiges an Erklärungsbedarf. Ähnlich wie mit Dialektwörtern verhält es sich oft mit typischen in Österreich verwendeten kulinarischen Bezeichnungen, deren Ursprung in der historischen Verbindung mit Tschechien, der Slowakei, Ungarn, Kroatien und anderen Ländern innerhalb der Habsburgermonarchie liegt. Das österreichische Wort Kukuruz geht etwa auf ein in Ungarn lebendes Volk, die Kuruzen, zurück und bezeichnet den herkömmlichen Mais, der von Amerika über Ungarn nach Österreich importiert wurde.

Auch der Gebrauch des Wortes „Paradeiser" hängt mit den Ungarn zusammen – zumindest der Umstand, dass sich diese Bezeichnung für Tomate so lange im Osten Österreichs hält. Das muss wohl die Nähe zum ungarischen „paradicsom" sein. Folgt man nämlich der eigentlichen Wortherkunft, genießt man mit jeder Paradeiser ein Aphrodisiakum. Denn in Anlehnung an das kräftige Rot der verbotenen Frucht vom Baum der Erkenntnis wurden im Mittelhochdeutschen besonders schöne rote Äpfel als Paradiesäpfel bezeichnet. Die leuchtende Farbe der aus Südamerika importierten Tomate erinnerte an die Paradiesfrucht, weshalb der Name auf diese überging. Die Assoziation zum Paradiesapfel bestärkte den Glauben, sie wirke als Aphrodisiakum, was auch zur Bezeichnung „Liebesapfel" führte.

Weitere kulinarische österreichische Bezeichnungen finden sich auf Seite 222.

KUKURUZSUPPE

Zutaten für 1,5 Liter

Zutaten:
1 mittlere Zwiebel
2 EL Butter
2 Dosen (à 285 g) Kukuruz
1 l Gemüsefond
1 Säckchen Safran
etwas Schlagobers

Zubereitung:
Die Zwiebel klein schneiden. Die Butter in einem Topf schmelzen und die Zwiebel darin anbraten. Den Kukuruz abgießen und dazugeben. Mit der Suppe aufgießen und den Safran hinzufügen. Ca. 20 Minuten köcheln lassen.

Mit dem Pürierstab fein pürieren und eventuell noch durch ein Sieb passieren. Mit Salz und Pfeffer abschmecken.

Zu guter Letzt:
Mit ein wenig geschlagenem Obers garniert servieren.

KÜRBISQUICHE MIT SALBEI

Zutaten für 40 Stück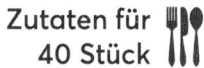

Zutaten:

40 Mürbteigschüsselchen
(siehe Seite 16)
1 Butternusskürbis
1 EL Öl
100 g Ziegenfrischkäse
1 EL gehackter Salbei
1 Ei
geriebener Käse
gehackte Kürbiskerne

Zubereitung:

Das Backrohr auf 160 °C Umluft vorheizen.

Den Kürbis halbieren und die Kerne entfernen.
Die Kürbishälften auf ein Backblech legen, mit dem Öl bepinseln und salzen und im vorgeheizten Backrohr ca. 45 Minuten rösten.
Abkühlen lassen und dann mit einem Löffel ausschaben.

Das Kürbisfleisch mit einer Gabel zerdrücken. Den Salbei und das ganze Ei unterrühren und würzen.

Den Ziegenfrischkäse in kleine Stückchen schneiden und auf den Teigboden der Schüsselchen legen. Die Kürbismasse darauf verteilen und mit geriebenem Käse bestreuen.

Zu guter Letzt:

10 Minuten im Rohr bei 160 °C backen und mit gehackten Kürbiskernen bestreut servieren.

MAKRELENAUFSTRICH

**Zutaten für 30
kleine Brötchen** 🍴

Zutaten:

300 g geräucherte Makrele
100 g Crème fraîche
2 TL scharfer Senf
1 EL Schnittlauch
frischer Zitronensaft
1 TL Kren
12 ganz dünne Scheiben
Schwarzbrot
Kapern, rote Pfefferkörner

Zubereitung:

Das Backrohr auf 160 °C Umluft vorheizen.
Aus dem Schwarzbrot kleine Kreise (ca. 4 cm Durchmesser)
ausstechen und im Backrohr toasten.

Crème fraîche, Senf, Zitronensaft und Kren verrühren. Die Makrele mit 2 Gabeln zerzupfen und mit der Crème fraîche und dem Schnittlauch vermischen. Mit Salz und Pfeffer abschmecken.

Zu guter Letzt:

Den Aufstrich auf die Brotscheiben verteilen und mit
Kapern und roten Pfefferkörnern garnieren.

RINDFLEISCHSALAT MIT KÄFERBOHNEN UND KERNÖL

Zutaten für ca. 24 kleine Gläschen

Zutaten:

1 kg gekochtes Schulterscherzel
300 g Käferbohnen, vorgekocht
1 große rote Zwiebel
100 g kleine Essiggurkerln
50 ml Sonnenblumenöl
4 EL Schilcheressig
2 EL Kernöl

Zubereitung:

Das Fleisch würfelig schneiden, die Käferbohnen halbieren, die Zwiebel klein schneiden und die Gurkerl in Scheiben schneiden. Mit Sonnenblumenöl, Essig und Kernöl würzen und mit Salz und Pfeffer abschmecken. Über Nacht ziehen lassen.

Zu guter Letzt:

Nochmals abschmecken und gegebenenfalls nachwürzen. In kleine Gläser füllen und servieren.

„GEKOCHTES RINDFLEISCH IST DIE SEELE DER WIENER KÜCHE."

Joseph Wechsberg, Essayist, 1907–1983

Was den einen ihr Schnitzel ist den anderen ihr Tafelspitz. Das zweite Nationalgericht der Wiener ist zweifelsohne der Tafelspitz – Kaiser Franz Joseph sei Dank, erklärte er doch gekochtes Rindfleisch zu seinem Leibgericht, das er fast täglich zu sich nahm. Franz Schubert und Adalbert Stifter sollen diese Leidenschaft geteilt haben. Mittlerweile haben sich Restaurants darauf spezialisiert: Wer etwa im „Plachutta" Tafelspitz ordert, erhält ein ganzes Menü, traditionell serviert in der Kupferpfanne.

Maria Theresia ist es zu verdanken, dass Wien auch als „Rindfleischhochburg" bezeichnet wird, galten die österreichische und die Wiener Küche schon damals als typische Rindfleischküchen. Rindfleisch war fester Bestandteil von Banketten und Festmenüs, durfte aber auch am Bürgertisch nicht fehlen. Wer könnte auch ohne Rindfleischklassiker wie Rindsuppe, Zwiebelrostbraten, Rindsgulasch, Wiener Backfleisch oder Rindsroulade leben?

RINDSUPPE MIT GRIESSNOCKERL

Zutaten für ca. 1,5 Liter

Zutaten:

Suppengrün bestehend aus:

2 Karotten
1 Lauchstange
1 Petersilwurzel
1 gelbe Rübe
1 Scheibe Sellerie
2 Stämme frische Petersilie

1 kg Rinderfaschiertes
1 EL Sonnenblumenöl
1 Lorbeerblatt
1 TL getrockneter Liebstöckel
1 TL Pfefferkörner
2 EL getrocknete Steinpilze
frischer Schnittlauch

Für die Grießnockerl:

1 Ei, getrennt
50 g weiche Butter
80 g Grieß
2 TL Mehl

Zubereitung:

Am Vortag das Suppengrün grob schneiden und im Öl kurz anrösten. Das Faschierte dazugeben und unter ständigem Rühren weiterrösten. Mit 2,5 l Wasser aufgießen und Gewürze und Pilze dazugeben. Ca. 1,5 Stunden köcheln lassen. Abseihen und kalt stellen.

Am nächsten Tag das Fett, das sich in der ausgekühlten Suppe abgesetzt hat, entfernen, die Suppe aufkochen und auf ca. 1,5 Liter reduzieren. Mit Salz und Pfeffer abschmecken.

Für die Grießnockerl die Butter abtreiben, den Eidotter dazugeben und schaumig schlagen. Grieß und Mehl unterheben. Das Eiweiß salzen und steif schlagen und unter die Masse heben. 30 Minuten rasten lassen. Aus der Masse mit 2 Mokkalöfferln Nockerln ausstechen und diese in gesalzenem Wasser ca. 5 Minuten ganz leicht kochen lassen. Den Topf vom Herd nehmen und noch mal 10 Minuten ziehen lassen.

Zu guter Letzt:

Mit Schnittlauch bestreut servieren.

ROTE-RÜBEN-TATAR MIT ZIEGENFRISCHKÄSE

Zutaten für 16 Portionen

Zutaten:

400 g Rote Rüben
1 Schalotte
4 EL Sonnenblumenöl
50 g Haselnusskerne
40 g Kapern
Apfelessig
2 EL frisch gehackter Petersil
Haselnussöl
Ziegenfrischkäse

Zubereitung:

Die Schalotte klein schneiden. Die Roten Rüben schälen und in kleine Würfel schneiden.

In einer Pfanne 2 EL Öl erhitzen und Schalottenstücke und Rote-Rüben-Würfel ca. 8 Minuten braten, dabei immer wieder umrühren.

Die Nüsse grob hacken und in einer trockenen Pfanne rösten. Die Schale entfernen und grob hacken. Die Hälfte der Kapern in 2 EL Öl frittieren, dann auf einem Stück Küchenrolle abtropfen lassen. Die andere Hälfte klein schneiden.

Rote Rüben und Schalotten mit den zweierlei Kapern, den Haselnüssen und dem Petersil mischen und den Essig darübergießen. Mit Salz und Pfeffer und eventuell ein paar Tropfen Haselnussöl abschmecken.

Zu guter Letzt:

Den Frischkäse in einen Spritzsack füllen und auf das Rote-Rüben-Tatar spritzen. Mit Kapern garnieren.

SAIBLINGSCARPACCIO MIT DILLÖL UND KAVIAR

Zutaten für 16 Gläschen

Zutaten:

400 g frisches Seesaiblings-
oder Forellenfilet
60 g Forellenkaviar
1 Bund frische Dille
125 ml Buttermilch
3 EL Sonnenblumenöl
2 Eier

Zubereitung:

Die Fischfilets hauchdünn aufschneiden. Die Hälfte der Dille fein schneiden und mit dem Forellenkaviar unter die Fischstückchen mischen. Mit Salz und Pfeffer würzen.

Die restliche Dille mit dem Öl pürieren und abseihen.

Die Eier hart kochen und abschrecken.

Zu guter Letzt:

Das Öl mit der Buttermilch vermischen und über den Fisch träufeln. Die herausgelösten Dotter über das Carpaccio reiben.

SAUERKRAUTSUPPE

**Zutaten für
ca. 1,2 Liter**

Zutaten:

400 g frisches Sauerkraut
150 g Erdäpfel
1 süßer Apfel
1 kleine Zwiebel
1 EL Butter
1 l Gemüsefond
1 Lorbeerblatt
4 Wacholderbeeren
1 TL Majoran oder Majoranöl
gebratene Speckwürfel zum
Garnieren

Zubereitung:

Die Erdäpfeln und die Zwiebel schälen und würfelig schneiden.
Die Butter in einem Topf schmelzen und Kartoffel- und
Zwiebelwürfel sanft anbraten.

Das Sauerkraut spülen und ein wenig davon für die Garnitur
beiseite legen. Den Rest grob hacken und mit dem Lorbeerblatt,
dem Majoran und den angedrückten Wacholderbeeren zu den
Zwiebel- und Kartoffelstücken geben. Mit dem Gemüsefond
aufgießen. Den Apfel schälen und grob in die Suppe reiben.
Ca. 10 Minuten köcheln lassen. Die Wacholderbeeren entfernen.

Zu guter Letzt:

Die Suppe fein pürieren und mit Salz und Pfeffer abschmecken.
In kleine Tassen gießen und mit dem restlichen Sauerkraut und
den Speckwürfeln garnieren.

SCHINKENMOUSSE MIT SAUCE CUMBERLAND

Zutaten für 8 Personen

Zutaten:

250 g guter Schinken
3 Blatt Gelatine
250 ml Schlagobers

Für die Béchamel:

1 EL Butter
1 EL Mehl
1 Prise Senfpulver
3 EL Milch
Muskatnuss

Für die Sauce Cumberland:

50 g Preiselbeerkompott
40 ml Orangensaft
1 EL geriebener Kren
1 TL scharfer Senf

Zubereitung:

Zuerst eine Béchamel zubereiten: Die Butter schmelzen und dann sofort das Mehl dazugeben. Die Milch hinzufügen, bis eine dicke Sauce entsteht, dabei unentwegt rühren, damit sich keine Klumpen bilden. Mit Senfpulver, Salz, Pfeffer und geriebener Muskatnuss würzen. Auskühlen lassen.

Die Béchamelsauce mit dem klein geschnittenen Schinken im Blender pürieren. Die Gelatine in kaltes Wasser legen. Wenn sie weich ist, das Wasser abgießen und in einem Topf über kleiner Flamme schmelzen. Sofort vom Herd nehmen.

Das Schlagobers fest schlagen und die Gelatine mit dem Mixer in einem dünnen Strahl einrühren. Die Schinkenmasse unterziehen und abschmecken.

Eine flache Schüssel mit Frischhaltefolie auslegen und die Masse einfüllen. Über Nacht kalt stellen.

Alle Zutaten für die Sauce Cumberland fein pürieren und eventuell ein wenig salzen.

Zu guter Letzt:

Die Schinkenmousse stürzen und runde Scheiben ausstechen. Auf ein Stück Brot legen und mit Sauce Cumberland servieren.

SCHWAMMERLTASCHERL MIT SCHNITTLAUCHRAHM

Zutaten für ca. 30 Stück 🍴🍴

Zutaten:

1 Pkg. Strudelblätter (4)
400 g Schwammerl
1 Handvoll getrocknete
Steinpilze
1 mittlere Zwiebel
150 g Crème fraîche
50 ml Weißwein
2 EL Butter
2 EL gehackter Petersil
Öl

Für den Schnittlauchrahm:

250 ml Sauerrahm
1 Bund Schnittlauch

Zubereitung:

Die Steinpilze in heißem Wasser einweichen und 5 Minuten stehen lassen.

Die Zwiebel klein schneiden. In einer Pfanne die Butter erhitzen und die Zwiebel darin anbraten. Die Schwammerl klein schneiden und dazugeben. Die Steinpilze klein schneiden und hinzufügen. Mit dem Wein ablöschen. Die Flüssigkeit der Steinpilze durch ein feines Sieb gießen und ebenfalls dazugeben. Einkochen, bis die Flüssigkeit verkocht ist. Petersil und Crème fraîche unterrühren und mit Salz und Pfeffer würzen. Abkühlen lassen.

Für den Schnittlauchrahm den Schnittlauch in feine Röllchen schneiden und mit dem Sauerrahm vermischen. Abschmecken.

Zu guter Letzt:

Das Backrohr auf 160 °C Umluft vorheizen.
Ein Blatt Strudelteig mit Öl bestreichen, das zweite Blatt darauflegen und in ca. 8 x 8 cm große Quadrate schneiden.
Je 1 TL Pilzmasse daraufgeben und die Spitzen zusammendrehen.
Im Backrohr ca. 10 Minuten backen, bis sie goldgelb sind.
Mit Schnittlauchrahm warm servieren.

Tipp:

Die Schwammerltascherl lassen sich gut einfrieren.

SCHWEINSBRATENRÖLLCHEN MIT KREN UND SENF

Zutaten für
für 40 Stück 🍴🥄🍴

Zutaten:

40 dünne Scheiben magerer
Schweinsbraten (Karree)
10 kleine Essiggurkerl
Estragonsenf
frischer Kren

Zubereitung:

Die Essiggurkerl der Länge nach vierteln.
Auf jede Scheibe Schweinsbraten ein Viertel Gurkerl legen,
etwas Senf und ein wenig Kren daraufgeben und einrollen.

Zu guter Letzt:

Mit einem Spieß befestigen und servieren.

WIENER SCHNITZERL
MIT SAUCE TARTARE

**Zutaten für
20 Stück**

Zutaten:

200 g Schweinefilet oder
Hühnerbrust
100 g Mehl
2 ganze Eier
250 g Pankomehl
Salz
Öl zum Panieren

Für die Sauce Tartare:
150 g Mayonnaise
50 g Essiggurkerl
2 EL Kapern
2 EL Dille
2 EL Petersilie
2 Frühlingszwiebeln
1 TL Estragonsenf
Salz

Zubereitung:

Für die Sauce Tartare alle Zutaten bis auf die Mayonnaise in einem Zerkleinerer oder mit dem Pürierstab mixen, dann die Mayonnaise dazugeben und abschmecken.

Das Fleisch in bissgroße Stücke schneiden. Die Eier versprudeln und salzen. Das Fleisch zuerst in Mehl, dann im versprudelten Ei wenden und zuletzt im Pankomehl panieren.

Zu guter Letzt:

In einer Pfanne das Öl erhitzen und langsam herausbacken. Auf einem Stück Küchenrolle abtropfen lassen und mit der Sauce Tartare servieren.

Tipp:

Die Schnitzerl können bereits am Vortag paniert und erst im letzten Moment gebacken werden. Die Sauce kann bis zu 2 Tage vorher gemacht und kühl gestellt werden.

WIENER SCHNITZEL – URWIENERISCH ODER WAS?

Die Liebe zu Wiener Schnitzel ist in Österreich unumstritten. Herrlich streiten lässt sich allerdings um dessen Ursprung. Denn viele Legenden ranken sich um das Lieblingsessen der Wiener. Einer dieser Geschichten zufolge stammt es aus Italien. Das Costoletta milanese (Mailänder Kotelett) soll bei Feldmarschall Radetzky 1857 in Lombardo-Venetien derart für Begeisterung gesorgt haben, dass es am Wiener Hof nachgekocht wurde, allerdings in abgewandelter Form: mit Kalbsschlögelfleisch (statt Kotelett) und knuspriger brauner Mehl-Semmelbrösel-Panier (statt Weißbrotbröseln). Vom kaiserlichen Chefkoch soll sich die Speise anschließend im ganzen Land ausgebreitet haben und als „Wiener Schnitzel" angeboten worden sein. In Österreich wurde in den Gasthäusern jedoch schon lange vor Radetzky Paniertes und in Fett schwimmend Herausgebackenes serviert. In Konstantinopel gab es sogar schon im 12. Jahrhundert in Teig gehülltes Fleisch, das anschließend in Fett ausgebacken wurde. Und: Paniert wurde bereits im Mittelalter.

Aber nicht nur um den Ursprung des Wiener Schnitzels wird heftig gestritten, auch ob das Kalb- oder Schweinschnitzel zu bevorzugen ist, ob es in Butterschmalz, Schweineschmalz oder Pflanzenöl herausgebacken besser schmeckt und wo es in Wien das beste und originalste gibt: sei es in der „Heimat des Schnitzels" beim Figlmüller, bei Meissl & Schadn mit Wiener Garnitur (Petersil, Schalotte, Zitronenfilets, Kapern, Ei und Sardellenfilets), wie es Sigmund Freud, Arthur Schnitzler und Stefan Zweig einst dort gegessen haben sollen, oder beim Wirten ums Eck.

Eines aber steht fest: Ein echtes „Wiener" darf nur vom Kalb sein.
Und: Geschmäcker sind verschieden.

*Radetzky-Denkmal vor dem
Regierungsgebäude am Stubenring*

WURSTSALAT AM LÖFFEL

Zutaten für
ca. 15 Löffel

Zutaten:

1 Paar Frankfurter Würstel
1 Frühlingszwiebel
3 kleine Essiggurkerln
1 EL Apfelessig
1 EL Sonnenblumenöl
1 TL Kernöl

Zubereitung:

Würstel, Frühlingszwiebel und Gurkerln
in dünne Scheiben schneiden und mit
Essig, Öl, Salz und Pfeffer vermischen.
Abschmecken und ein wenig ziehen lassen.

Zu guter Letzt:

Auf Löffel verteilt servieren.

SCHÜSSELCHEN

BACKHENDL MIT ERDÄPFELSALAT

Zutaten für 8 kleine Schüsselchen 🍴🥄

Zutaten:

Für das Backhendl:

250 g Hühnerbrust
2 Eier
Mehl
Pankomehl
Salz
Öl zum Frittieren
Vogerlsalat zum Garnieren

Für den Erdäpfelsalat:

500 g festkochende Erdäpfel
2 EL Estragonsenf
2 EL Apfelessig
4 EL Sonnenblumenöl
3 EL Rindsuppe
1 EL Majoran oder Majoranöl
2 Frühlingszwiebeln

Zubereitung:

Die Hühnerbrust in daumengroße Stücke schneiden. Die Eier verquirlen und kräftig salzen. Die Hühnerstücke zuerst im Mehl, dann in den verschlagenen Eiern und anschließend im Pankomehl wälzen und in heißem Öl frittieren.

Für den Salat die Erdäpfel in kaltem Wasser aufstellen und bissfest kochen. Den Senf mit dem Essig gut verrühren und das Öl langsam zugießen. Mit der Suppe aufgießen und mit Salz und Pfeffer würzen. Die Erdäpfel noch warm schälen und schneiden. Mit der Marinade übergießen, den Majoran dazugeben und auskühlen lassen. Die Frühlingszwiebeln fein schneiden und daruntermischen. Nochmals abschmecken.

Zu guter Letzt:

Den Erdäpfelsalat in Schüsselchen füllen und mit je 2 Backhendlstücken belegen. Mit Vogerlsalat garnieren.

BÄRLAUCHSTRUDEL MIT ZIEGENFRISCHKÄSERAHM

**Zutaten für 2 Strudel
à 6 Portionen**

Zutaten:

800 g frischer Bärlauch
200 g sonnengetrocknete
Paradeiser
2 Knoblauchzehen
100 g Walnusskerne
2 EL Olivenöl
4 Eier
200 ml Crème fraîche
2 Packungen Strudelblätter
etwas Sonnenblumenöl
zum Bestreichen

Für den Ziegenfrischkäserahm:

250 ml Sauerrahm
100 g Ziegenfrischkäse
frischer Schnittlauch

Zubereitung:

Den Bärlauch mit kochendem Wasser übergießen und zusammenfallen lassen. Ausdrücken.

Das Backrohr auf 160 °C Umluft vorheizen.

Den Knoblauch in Scheiben schneiden und im Olivenöl anbraten. Die Paradeiser hacken und mit der Crème fraîche dazugeben. Abkühlen lassen.

Den Bärlauch grob hacken. Mit den Eiern, den Walnusskernen und den Paradeisern vermischen.

Ein Strudelteigblatt mit Öl bestreichen, ein zweites darauflegen und die Hälfte der Fülle darauf verteilen. Einrollen und in eine Form legen, nochmals mit Öl bepinseln. Mit den anderen beiden Strudelblättern ebenso verfahren. 30 Minuten im Rohr backen.

Zu guter Letzt:

Den Sauerrahm mit dem Ziegenfrischkäse verrühren und mit klein geschnittenem Schnittlauch bestreut zum Strudel servieren.

BIERFLEISCH MIT SPECK UND LAUGENBREZENKNÖDEL

Zutaten für ca. 16 kleine Schüsselchen ♨♨♨

Zutaten:

1,5 kg Rindfleisch zum Schmoren
100 g Speck, gewürfelt
1 EL Mehl
2 EL Öl und 2 EL Butter zum Anbraten
2 Zwiebeln
3 Karotten
400 ml Bier
evtl. 500 ml Suppe zum Aufgießen
2 EL Paradeiserpüree
2 EL Senf
3 EL brauner Zucker
frische Petersilie

Für die Laugenbrezenknödel:

350 g Laugenbrezen
1 mittlere Zwiebel
150 ml Milch
2 Eier, verquirlt
100 ml Schlagobers
60 g Butter
Schnittlauch
Muskatnuss

Zubereitung:

Die Zwiebeln würfelig schneiden. Die Karotten schälen und in Scheiben schneiden. Das Fleisch in mundgerechte Würfel schneiden und mit Mehl bestauben.

Öl und Butter in einer Pfanne erhitzen und das Fleisch darin anbraten. Aus der Pfanne nehmen. Zwiebel, Speck und Karotten in derselben Pfanne anbraten, mit Bier aufgießen und Senf, Paradeiserpüree und Zucker dazugeben. Das Fleisch wieder zurück in den Topf geben und mit geschlossenem Deckel ca. 1,5 Stunden langsam köcheln lassen. Wenn notwendig, mit Suppe aufgießen. Von Zeit zu Zeit umrühren.

Für die Knödel die Zwiebel klein schneiden. Die Butter in einer Pfanne zerlassen und die Zwiebel darin anrösten. Die Laugenbrezen in kleine Würfel schneiden und mit der Butter-Zwiebel-Mischung übergießen. Milch, Schlagobers, Schnittlauch und Eier dazugeben und gut vermischen. Mit Muskatnuss und Salz abschmecken.

Einen Topf mit Wasser aufsetzen und mit nassen Händen aus der Masse kleine Knödel formen. Diese ins siedende Wasser einlegen und ca. 20 Minuten ziehen lassen.

Zu guter Letzt:

Das Fleisch mit den Knödeln anrichten und vor dem Servieren mit frischer Petersilie bestreuen.

EIERNOCKERL MIT SALAT

Zutaten für
10 kleine Portionen

Zutaten:

Für den Nockerlteig:

500 g Topfen
ca. 400 g Mehl
6 Eier
Salz

2 EL Butter
3 Eier
Schnittlauch
Blattsalat

Für das Dressing:

Zitronenöl
Apfelbalsamico
ein bisserl Honig
Senf
Salz

Zubereitung:

Topfen, Eier und Salz zügig verrühren und so viel Mehl dazugeben, dass ein zäher, nicht zu dicker Teig entsteht. Einen großen Topf mit gesalzenem Wasser aufstellen. Wenn das Wasser kocht, den Teig mit einer Nockerlreibe ins Wasser reiben. Sobald die Nockerl an die Oberfläche kommen, noch 1 Minute leicht kochen, dann abgießen und abschrecken.

Die Butter in einer Pfanne zerlassen, die Nockerl dazugeben und anbraten. Die Eier versprudeln und darübergießen. Stocken lassen.

Zu guter Letzt:

Für das Dressing alle Zutaten nach Geschmack miteinander vermischen und damit den Vogerlsalat marinieren. Die Eiernockerl mit dem Schnittlauch bestreuen und mit dem Blattsalat servieren.

Tipp:

Die Nockerl lassen sich auch sehr gut einfrieren, dazu mit ein wenig Öl vermischen.

EIERSCHWAMMERLSAUCE MIT SERVIETTENKNÖDEL

Zutaten für 16 kleine Portionen 🍴

Zutaten:

500 g Eierschwammerl
1 mittlere Zwiebel
2 EL Butter
2 EL Mehl
250 ml Gemüsesuppe
250 ml Schlagobers
1 TL Steinpilzpulver
2 EL frischer Petersil

Zubereitung:

Die Zwiebel fein schneiden und in der Butter glasig anbraten. Die Schwammerl putzen und bei Bedarf klein schneiden. Zur Zwiebel geben und anbraten. Mit dem Mehl stauben und der Gemüsesuppe aufgießen. Das Steinpilzpulver dazugeben. Etwas einkochen lassen. Mit dem Schlagobers aufgießen und mit Salz und Pfeffer würzen. Den Petersil unterrühren.

Für den Serviettenknödel:

500 g Toastbrot ohne Rinde
2 Eier
250 ml Sauerrahm
250 ml Schlagobers
Muskatnuss

Für den Serviettenknödel das Toastbrot würfelig schneiden. Sauerrahm und Schlagobers darüber gießen. Die Eier verquirlen und alles vermischen. Mit Salz, Pfeffer und Muskatnuss würzen. Die Masse kann eher flüssig erscheinen. Ca. ¼ der Masse auf eine doppelte Lage Frischhaltefolie geben und fest einrollen. Die Enden zudrehen und anschließend in eine Lage Alufolie wickeln. Mit dem Rest ebenso verfahren.

Die Serviettenknödelrollen im Dampfgarer 25 Minuten garen oder in einem großen Topf mit siedendem Wasser 25 Minuten leicht köcheln lassen.

Zu guter Letzt:

Die Serviettenknödeln ausrollen, aufschneiden und mit der Eierschwammerlsauce servieren.

LINDA, ANNABELLE ODER GOLDMARIE? WELCHE DARF ES HEUTE SEIN?

Wer die Wahl hat, hat die Qual. Über 2900 Sorten machen es einem tatsächlich nicht leicht, die passenden Erdäpfel für das jeweilige Gericht auszuwählen. Und dann noch festkochend oder mehlig? Welche Kocheigenschaft ist die richtige?

Der ursprüngliche Schatz der Anden ist heutzutage eine sehr beliebte Knolle in Österreich, wo sie seit dem 16. Jahrhundert angebaut wird. Ab 1770 forcierten die Habsburger dann den Erdäpfelanbau, besonders in Niederösterreich und der Steiermark, aber erst nach den Hungersnöten der Napoleonischen Kriege fand die Knolle Eingang in die österreichische Küche. Heute ist sie dort nicht mehr wegzudenken, da sie sowohl als Beilage als auch in pikanten und süßen Gerichten weitverbreitet ist.

Der österreichische Lyriker und Schriftsteller H. C. Artmann (1921–2000) hat sie in seinem ganz persönlichen Erdäpfelgulaschrezept, das aus *„drei grundelementen, zwei gewürzen und reinem wasser"* besteht, verewigt und dabei vor allem auf die richtige Vorbereitung verwiesen:

„Man stelle nun zu beginn keinerlei yogaübungen an, allerdings sei man tadellos rasiert, der schnurrbart sei dem anlaß entsprechend gepflegt, man gehe noch einige minuten in den garten betrachte das rosenrondell, erbaue sich kurz an den narzissen und schwertlilien, mache eine besinnliche runde um den teich, entwerfe tief durchatmend ein kleines gedicht. Darauf begebe man sich heiter lächelnd in die tadellos aufgeräumte küche, binde eine saubere weiße schürze vor ..." (Aus: Peter Peter, Kulturgeschichte der österreichischen Küche, S. 154)

ERDÄPFELGULASCH VEGETARISCH

Zutaten für ca. 16 kleine Portionen

Zutaten:

100 g Zwiebeln
4 Knoblauchzehen
1 kg speckige Erdäpfel
2 rote Paprika
1 EL Apfelessig
4 EL Paprikapulver, edelsüß
1 TL Paprikapuver, geräuchert
2 EL Majoran oder Majoranöl
1 EL Kümmel
1 EL Butter und 1 EL Öl
500 ml Gemüsesuppe
Sauerrahm zum Garnieren

Zubereitung:

Zwiebeln und Knoblauch klein schneiden und in einem Topf in der Öl-Butter-Mischung anbraten.

Die Erdäpfel schälen und würfelig schneiden. Die Paprika entkernen und ebenfalls würfelig schneiden. Beides zu Zwiebeln und Knoblauch geben und anbraten.

Den Essig dazugeben, beide Paprikapulver darüberstreuen und mit der Suppe aufgießen. Salzen und pfeffern. Kümmel und Majoran dazugeben und bei geschlossenem Deckel weich kochen (ca. 20 Minuten).

Zu guter Letzt:

Abschmecken und mit Sauerrahm servieren.

ERDÄPFELNOCKERL GEBRATEN MIT SPINAT UND KNOBLAUCH

Zutaten für
16 kleine Portionen

Zutaten:
800 g mehlige Erdäpfel
1 Ei
180 g Topfen
250 g Mehl
Muskatnuss
250 g frischer Blattspinat
2 Knoblauchzehen
2 EL Butter
geriebener Käse zum Bestreuen

Zubereitung:
Die Erdäpfel weich kochen, schälen und durch die Erdäpfelpresse drücken. Leicht abkühlen lassen. Ei, Topfen, Gewürze und Mehl unterrühren und gut verkneten.

Auf einer bemehlten Arbeitsfläche eine ca. 1,5 cm dicke Rolle ausrollen und in 2 cm lange Stücke schneiden.

Zu guter Letzt:
Die Butter in einer Pfanne schmelzen und zuerst den in Scheiben geschnittenen Knoblauch anbraten. Herausnehmen. Die Nockerl in derselben Pfanne anbraten und dann wenden. Warm stellen.

Den Blattspinat in derselben Pfanne zusammenfallen lassen, mit Salz, Pfeffer und Muskatnuss würzen. Knoblauch und Nockerl in die Pfanne zurückgeben. Nochmals aufwärmen und mit Käse bestreut servieren.

Tipp:
Falls die Nockerl nicht gleich verwendet werden, am besten einfrieren und dann nur etwas länger braten.

FIAKERGULASCH

**Zutaten für ca.
12 kleine Portionen**

Zutaten:

1 kg Rindfleisch (Wadschinken)
400 g Zwiebel
1 EL Butter und 1 EL Öl
5 EL Paprikapulver, edelsüß
2 EL Apfelessig
6 EL Paradeispaste
2 EL Mehl
2 EL gemahlener Kümmel
2 EL Majoran oder Majoranöl
1 l Rindsuppe
12 Wachteleier
1 EL Öl
6 Teewürstel
kleine Essiggurkerl

Zubereitung:

Die Zwiebeln klein schneiden, das Fleisch putzen und würfelig schneiden.

Butter und Öl in einem schweren Topf heiß werden lassen und das Fleisch darin anbraten (eventuell portionsweise). Herausnehmen. Die klein geschnittenen Zwiebeln im selben Topf anbraten, bis sie leicht zu karamellisieren beginnen. Das Fleisch wieder hinzufügen, mit Mehl bestauben, das Paprikapulver dazugeben und den Essig angießen. Suppe, Gewürze und Paradeispaste dazugeben. Salzen und pfeffern. Zugedeckt ca. 1,5–2 Stunden schmoren lassen und gelegentlich umrühren, bis das Fleisch weich ist.

Abschmecken und eventuell nachwürzen.

Zu guter Letzt:

Die Wachteleier in etwas Öl zu kleinen Spiegeleiern braten.
Die Teewürstel an beiden Enden kreuzweise einschneiden.
Wasser aufstellen, kochen lassen, abdrehen und die Teewürstel darin kurz erwärmen. In 2 Hälften teilen.

Die Essiggurkerl fächerartig aufschneiden.

Jede Portion Gulasch mit einem Spiegelei, einem halben Teewürstel und einem halben Essiggurkerl garniert servieren.

„AUFGWÄRMT IS NUA A GULASCH GUAT."

Österreichisches Sprichwort

Das ursprünglich ungarische Gericht *Gulyás*, das eher einer Suppe glich, kam Anfang des 19. Jahrhunderts nach Wien. Es wurde von der österreichischen Küche adaptiert und es entstanden verschiedene Variationen wie das Karlsbader (mit Rahm verfeinert), das Debreziner (mit Paprikastreifen und Debreziner Würsteln), das Esterhazy (mit Wurzelgemüse) oder das Fiakergulasch (mit Frankfurter und Essiggurkerln). Letzteres ist im Gulaschparadies Wien besonders beliebt. Der Name stammt von den zweispännigen Lohnkutschen, die ursprünglich nach dem Eigentümer und Großfuhrwerksunternehmer Joseph Janschky „Janschky-Wagen" benannt waren. 1720 wurden sie nach dem Lohnkutschen-Standplatz in der Pariser Rue de Saint Fiacre in „Fiaker" umbenannt. Zwischen 1860 und 1900 waren in Wien mehr als 1000 Fiaker unterwegs. Den Kutschern wurde nachgesagt, dass sie immer hungrig wären, weshalb diese reichhaltigere Variante des Gulaschs kurzerhand als „Fiakergulasch" bezeichnet wurde.

GEBACKENER SELLERIE
MIT RAHMSPINAT

Zutaten für
8 kleine Schüsselchen

Zutaten:

800 g Knollensellerie
1 kg Blattspinat
100 g Schalotten
2 Knoblauchzehen
100 g Butter
70 ml Weißwein
200 ml Schlagobers
Muskatnuss
3 Eier
250 g Pankomehl
8 EL Öl

Zubereitung:

Den Blattspinat in ein Sieb geben, waschen und mit kochendem Wasser übergießen. Gut ausdrücken und klein hacken.

Den Sellerie schälen, halbieren und in daumengroße Stücke schneiden. In kochendem Salzwasser 4 Minuten blanchieren.

Die Schalotten fein hacken und den Knoblauch pressen. Beides in 2 EL Butter andünsten, Wein und Schlagobers dazugeben und in ca. 5 Minuten cremig einkochen lassen. Den Spinat dazugeben und mit Salz, Pfeffer und geriebener Muskatnuss würzen.

Die Eier verquirlen, salzen und pfeffern. Die Selleriestangen zuerst in den Eiern, dann im Pankomehl wenden und in heißem Öl bei mittlerer Hitze ca. 2–3 Minuten goldbraun braten.

Zu guter Letzt:

Die restliche Butter in einer Pfanne erhitzen. Über den Spinat geben und mit den Selleriestangerl anrichten.

GEFÜLLTE PAPRIKA

**Zutaten für
6–8 Portionen**

Zutaten:

400 g Mini-Paprika
200 g gemischtes Faschiertes
1 kleine Zwiebel
1 EL Estragonsenf
50 g gekochter Reis
Majoran oder Majoranöl

Für die Paradeisersauce:
1 EL Sonnenblumenöl
1 kleine Zwiebel
1 EL Zucker
500 ml Paradeiserpüree
2 EL Paradeispaste

Zubereitung:

Das Backrohr auf 160 °C Umluft vorheizen.

Die Kappe der Paprika abschneiden und die Kerne herausholen. Die Zwiebel ganz fein schneiden. Das Faschierte mit der Zwiebel, dem Senf, Majoran und Reis vermischen und gut mit Salz und Pfeffer würzen. Damit die Paprika füllen und die Kappen nach Belieben mit einem Zahnstocher fixieren.

Für die Paradeisersauce das Öl erhitzen, die klein geschnittene Zwiebel darin anbraten, den Zucker hinzugeben und karamellisieren lassen. Paradeiserpüree und -paste dazugeben, mit Salz und Pfeffer würzen und 10 Minuten leicht köcheln lassen. Fein pürieren.

Zu guter Letzt:

Die Paprika in die Paradeissauce legen und 10 Minuten ganz leicht köcheln.

KALBSGULASCH MIT POLENTASOUFFLÉ

Zutaten für 16 kleine Portionen

Zutaten:

1,2 kg Kalbsvögerl
300 g Zwiebeln
1 Prise Zucker
4 EL Öl
2 EL Butter
2 EL Mehl
1 Schuss Apfelessig
3 EL Paprikapulver, edelsüß
2 EL Majoran oder Majoranöl
3 EL Paradeispaste
800 ml Rindsuppe

Für das Polentasoufflé:

400 ml Wasser
300 ml Milch
4 EL Butter
160 g Polenta
4 Eier
Muskatnuss
Butter zum Fetten
der Förmchen

Zubereitung:

Das Backrohr auf 160 °C Umluft vorheizen.

Das Fleisch von Sehnen und Fett befreien und würfelig (2 x 2 cm) schneiden. Die Zwiebeln ebenfalls schneiden. In einem Topf 2 EL Öl erhitzen und die Zwiebeln dazugeben. Den Zucker hinzufügen und karamellisieren lassen. Mit 300 ml Suppe aufgießen und 1 Stunde leise köcheln lassen. Dann mit dem Pürierstab pürieren.

2 EL Öl und 2 EL Butter in einem Topf erhitzen. Das Fleisch darin portionsweise anbraten. Mit Mehl bestauben, das Paprikapulver und den Majoran dazugeben und mit dem Essig ablöschen. 500 ml Suppe dazugießen und die Paradeispaste einrühren. Das Zwiebelpüree dazugeben. Zugedeckt im Backrohr 1 Stunde köcheln lassen.

Für das Polentasoufflé Milch, Wasser und Butter in einen Topf geben und aufkochen, dann die Polenta unter ständigem Rühren einrieseln lassen. Weiterrühren, bis sie sich vom Topfboden löst. Abkühlen lassen.

Die Eier trennen und die Eidotter einzeln einrühren. Das Eiweiß steif schlagen und vorsichtig unterziehen. Mit Salz, Pfeffer und Muskatnuss abschmecken. Die Förmchen ausbuttern, dabei die Butter von unten nach oben ziehen. Die Polentamasse einfüllen und im Wasserbad im Rohr bei 160 Grad 20 Minuten backen.

Zu guter Letzt:

Das Gulasch abschmecken, eventuell den Saft noch etwas einkochen lassen, und mit dem Polentasoufflé servieren.

KÄSENOCKEN MIT BLATTSPINAT UND BRAUNER BUTTER

Zutaten für 16 kleine Portionen

Zutaten:

1 kg Magertopfen
200 g geschmolzene Butter
300 g geriebener Bergkäse
4 Eier
4 Eidotter
100 g Mehl
100 g Semmelbrösel
frischer Blattspinat
braune Butter

Zubereitung:

Den Topfen mit der flüssigen Butter abtreiben. Nach und nach zuerst die ganzen Eier, dann die Eidotter dazugeben. Den Bergkäse unterheben und zum Schluss Mehl und Brösel unterziehen, mit Salz und Pfeffer abschmecken.

Einen großen Topf Wasser aufsetzen. Sobald das Wasser kocht, salzen und aus der Masse mit 2 Löffeln Nocken formen und ins Wasser gleiten lassen. 12–15 Minuten ziehen lassen.

Zu guter Letzt:

Etwas Butter in einer Pfanne erhitzen, den Blattspinat dazugeben, zusammenfallen lassen und würzen.
Die Käsenocken mit Blattspinat und brauner Butter servieren.

KNÖDEL MIT EI

**Zutaten für
16 kleine Portionen**

Zutaten:

Für den Serviettenknödel:

500 g Toastbrot, ohne Rinde
2 große Eier
250 ml Sauerrahm
250 ml Schlagobers
Muskatnuss

4 Eier
2 EL Butter
Schnittlauch
Vogerlsalat

Zubereitung:

Für den Serviettenknödel das Toastbrot würfelig schneiden. Sauerrahm und Schlagobers darübergießen. Die Eier verquirlen und alles vermischen. Mit Salz, Pfeffer und Muskatnuss würzen. Die Masse kann eher flüssig erscheinen. Ca. ¼ der Masse auf eine doppelte Lage Frischhaltefolie geben und fest einrollen. Die Enden zudrehen und anschließend in eine Lage Alufolie wickeln. Mit dem Rest ebenso verfahren. Die Serviettenknödelrollen im Dampfgarer 25 Minuten garen oder in einem großen Topf mit siedendem Wasser 25 Minuten leicht köcheln lassen.

Zu guter Letzt:

Die Serviettenknödel ausrollen und in Scheiben schneiden. Die Butter in einer Pfanne zerlassen und die Knödelscheiben darin goldbraun braten, dabei wenden.

Die Eier verquirlen und darübergießen, stocken lassen und mit Schnittlauch bestreut servieren. Dazu passt Vogerlsalat.

KRAUTFLECKERL

Zutaten für ca. 16 kleine Portionen

Zutaten:

600 g Fleckerl
400 g Kraut
200 g Speck
200 g Zwiebeln
2 EL Öl
2 EL Zucker
2 EL Kümmel
Majoran oder Majoranöl

Zubereitung:

Die Zwiebeln klein schneiden. Das Öl in einer Pfanne erhitzen und die Zwiebelstücke darin anbraten. Mit dem Zucker bestreuen und karamellisieren lassen. Speck und Kraut klein würfelig schneiden, in die Pfanne geben und mitbraten, bis das Kraut weich ist.

In der Zwischenzeit die Fleckerl in reichlich Salzwasser bissfest kochen und abseihen.

Zu guter Letzt:

Die Fleckerl zum Kraut in die Pfanne geben, mit Kümmel und Majoran würzen und mit Salz und Pfeffer abschmecken.

1906

7a
Porzellangasse

*Eingangsportal von Friedrich Torbergs Geburtshaus
in der Wiener Porzellangasse*

WARUM TANTE JOLESCHS
KRAUTFLECKERL DIE BESTEN SIND

Krautfleckerln waren die berühmteste unter den Meisterkreationen der Tante Jolesch. Wenn es ruchbar wurde, dass die Tante Jolesch für nächsten Sonntag Krautfleckerln plante – und es wurde unweigerlich ruchbar, es sprach sich unter der ganzen Verwandtschaft, wo immer sie hausen mochte, auf geheimnisvollen Wegen herum, nach Brünn und Prag und Wien und Budapest und (vielleicht mittels Buschtrommel) bis in die entlegensten Winkel der Puszta –, dann setzte aus allen Himmelsrichtungen ein Strom von Krautfleckerl-Liebhabern ein, die unterwegs nicht Speise noch Trank zu sich nahmen, denn ihren Hunger sparten sie sich für die Krautfleckerln auf und den Durst löschte ihnen das Wasser, das ihnen in Vorahnung des kommenden Genusses im Mund zusammenlief. Und ein Genuss war's jedes Mal aufs neue, ein noch nie dagewesener Genuss.

Jahrelang versuchte man der Tante Jolesch unter allen möglichen Listen und Tücken das Rezept ihrer unvergleichlichen Schöpfung herauszulocken. Umsonst. Sie gab's nicht her. Und da sie mit der Zeit sogar recht ungehalten wurde, wenn man auf sie eindrang, ließ man es bleiben.

Und dann also nahte für die Tante Jolesch das Ende heran, ihre Uhr war abgelaufen, die Familie hatte sich um das Sterbelager versammelt, in die gedrückte Stille klangen murmelnde Gebete und verhaltenes Schluchzen, sonst nichts. Die Tante Jolesch lag reglos in den Kissen. Noch atmete sie.

Da fasste sich ihre Lieblingsnichte Louise ein Herz und trat vor. Aus verschnürter Kehle, aber darum nicht minder dringlich kamen ihre Worte:
„Tante – ins Grab kannst du das Rezept ja doch nicht mitnehmen. Willst du es uns nicht hinterlassen? Willst du uns nicht endlich sagen, wieso deine Krautfleckerln immer so gut waren?"

Die Tante Jolesch richtete sich mit letzter Kraft ein wenig auf: *„Weil ich nie genug gemacht hab …"* Sprach's, lächelte und verschied.

Aus: Friedrich Torberg, Die Tante Jolesch oder
Der Untergang des Abendlandes in Anekdoten, S. 19-20

KRAUTSPATZEN VEGETARISCH

Zutaten für 16 kleine Portionen

Zutaten:

400 g Kraut
200 g Zwiebeln
500 g Topfen (20 %)
ca. 500 g Mehl
6 Eier
2 EL Öl
2 EL Zucker
2 EL Kümmel
Majoran oder Majoranöl

Zubereitung:

Den Topfen mit einem Mixer glatt rühren und die Eier einzeln einrühren. Salzen. Das Mehl nach und nach dazugeben, bis ein dickflüssiger Teig entsteht.

Einen großen Topf Salzwasser aufsetzen und den Teig mit einer Nockerlreibe hineinreiben. Sobald die Nockerl an die Oberfläche kommen, noch 1 Minute leicht kochen, dann abgießen und abschrecken.

In der Zwischenzeit die Zwiebeln klein schneiden und im zuvor erhitzten Öl anbraten. Den Zucker darüberstreuen und karamellisieren. Das Kraut klein schneiden und mitbraten, bis es weich ist. Kümmel und Majoran dazugeben und mit Salz und Pfeffer würzen.

Zu guter Letzt:

Die Nockerl mit dem Kraut vermischen und erwärmen, eventuell nochmals abschmecken.

KÜRBISSTRUDEL MIT MINZERAHM

Zutaten für ca. 16 kleine Portionen 🍴

Zutaten:

2 Butternusskürbisse
1 Zwiebel
1 Handvoll getrocknete Berberitzen oder Preiselbeeren
1/2 TL getrocknete Chilis
1 TL gemahlener Kümmel
1 EL Öl
2 Eier
Strudelteig
Butter zum Bestreichen

Für den Minzrahm:

2 Becher Sauerrahm
frische Minze
Salz

Zubereitung:

Das Backrohr auf 160 °C Umluft vorheizen.

Die Kürbisse schälen und grob reiben.

Die Zwiebel klein schneiden und im Öl anbraten. Die Kürbisstücke dazugeben und alles mit den Gewürzen vermischen. Die Eier unterrühren und mit Salz und Pfeffer abschmecken.

Ein Strudelblatt mit Butter bestreichen, ein zweites darüberlegen und die Hälfte der Fülle einrollen. Mit dem Rest ebenso verfahren. Nochmals mit Butter bestreichen und im Rohr ca. 40 Minuten backen.

Zu guter Letzt:

Die Minze fein schneiden und mit dem Sauerrahm und ein wenig Salz vermischen. Zum Strudel servieren.

LINSENPÖRKÖLT VEGETARISCH

Zutaten für 16 Schüsserl

Zutaten:

300 g grüne Linsen
1 große Zwiebel
2 rote Paprika
3 EL Paprikapulver, edelsüß
1 EL Paprikapulver, geräuchert
1 Dose Paradeiserstücke
ca. 500 ml Gemüsesuppe
2 EL Öl
3 EL Ajvar
1 EL Thymian
Sauerrahm

Zubereitung:

Die Zwiebel schneiden und im Öl anbraten. Die Paprika würfelig schneiden und zur Zwiebel geben. Die Linsen, die Paprikapulver, Ajvar und Thymian dazugeben und mit der Gemüsesuppe nach und nach aufgießen. Ca. 15 Minuten köcheln lassen, bis die Linsen bissfest sind. Die Paradeiserstücke hinzufügen und weitere 5 Minuten köcheln lassen. Mit Salz und Pfeffer abschmecken.

Zu guter Letzt:

Mit Sauerrahm und Serviettenknödel (siehe Seite 99) servieren.

Tipp:

Die Linsen erst nach dem Kochen salzen, sonst bleiben sie hart!

POLENTALAIBCHEN MIT LETSCHO

**Zutaten für
16 kleine Portionen**

Zutaten:
500 g Polenta
600 ml Milch
400 ml Gemüsesuppe
2 Eier
Muskatnuss
Semmelbrösel nach Bedarf
Öl zum Braten

Für das Letscho:
1 kg reife Paradeiser
(oder aus der Dose)
4 Spitzpaprika
1 große Zwiebel
2 EL ÖL
1 TL Zucker

Zubereitung:
Milch und Gemüsesuppe mit etwas geriebener Muskatnuss und Salz aufkochen und die Polenta unter ständigem Rühren einrieseln lassen. Ein paar Minuten köcheln. Kurz abkühlen und dann die Eier einrühren. Sollte die Masse zu flüssig sein, Semmelbrösel unterrühren. Mit Salz und Pfeffer abschmecken und abkühlen lassen. Mit nassen Händen kleine Laibchen formen und in heißem Öl anbraten.

Für das Letscho die Zwiebel klein schneiden und im Öl anbraten. Den Zucker dazugeben und karamellisieren lassen. Die Paprika entkernen und grob würfelig schneiden. Zur Zwiebel geben und mitbraten. Die Paradeiser grob schneiden und ebenfalls dazugeben. Ca. 15 Minuten köcheln lassen, dann mit Salz und Pfeffer abschmecken.

Zu guter Letzt:
Die Polentalaibchen auf dem Letscho servieren.

REHGULASCH MIT LEBKUCHEN

Zutaten für 12 kleine Portionen 🍴

Zutaten:

1 kg Rehgulaschfleisch
1 große Zwiebel
300 ml Rindsuppe
150 ml Schlagobers
150 ml Rotwein
2 EL Portwein
1 EL Butter und 1 EL Öl
2 EL Preiselbeerkompott
1 TL Lebkuchengewürz
70 g Lebkuchen, klein geschnitten
1 TL Rosmarin

Für das Rotkraut:

1 Häuptel Rotkraut
2 EL Öl
1 große Zwiebel
3–4 Gewürznelken
2 Äpfel
200 ml Rotwein
1 Schuss Rotweinessig
50 ml Johannisbeersirup
Kümmel

Zubereitung:

Das Rotkraut am Vortag in feine Streifen schneiden und über Nacht einsalzen.

Am nächsten Tag die Zwiebel fein schneiden und im Öl andünsten. Das Kraut dazugeben und zusammenfallen lassen. Die Äpfel schälen und reiben. Mit den Gewürzen zum Kraut geben und mit dem Essig kurz ablöschen. Rotwein und Sirup dazugeben. 20 Minuten köcheln lassen, dann abschmecken.

Das Backrohr auf 160 °C Umluft vorheizen.

Das Rehfleisch würfelig schneiden. In einem Bräter Butter und Öl erhitzen und das Fleisch darin scharf anbraten. Herausnehmen. Die Zwiebel klein schneiden und im Bräter glasig anbraten. Das Preiselbeerkompott und die Gewürze dazugeben und mit Rotwein und Portwein ablöschen. Das Fleisch in den Bräter zurückgeben und mit der Suppe aufgießen. Mit Salz und Pfeffer würzen. Den Lebkuchen dazugeben und mit geschlossenem Deckel ca. 1 Stunde im Backrohr schmoren.

Zu guter Letzt:

Das Schlagobers dazugeben, eventuell etwas einkochen und abschmecken. Mit Nockerln (siehe Seite 96) oder Serviettenknödeln (siehe Seite 99) und dem Rotkraut servieren.

SCHWAMMERLAUFLAUF MIT THYMIAN

Zutaten für 12 Schüsserl 🍴🥄

Zutaten:
2 EL Öl
2 rote Zwiebeln
500 g Schwammerl
(z. B. Champignons)
30 g getrocknete Steinpilze
50 g flüssige Butter
12 Scheiben altes Toastbrot
250 g geriebener Bergkäse
4 Eier
400 ml Milch
300 ml Crème fraîche
1 EL Thymian
Butter für die Form

Zubereitung:

Das Backrohr auf 160 °C Umluft vorheizen.

Die Zwiebeln klein schneiden und in einer Pfanne im erhitzten Öl anbraten.

Die Steinpilze mit heißem Wasser übergießen. Die Schwammerl in Scheiben schneiden, zu den Zwiebeln geben und so lange braten, bis sie weich sind. Das Wasser der Steinpilze durch ein feines Sieb gießen, um etwaigen Sand zu entfernen. Die Steinpilze wie auch das nun gesiebte Wasser dazugeben und einkochen. Mit der Crème fraîche vermengen.

Das Toastbrot in Würfel schneiden und mit der Schwammerl-mischung, der flüssigen Butter und 200 g vom Bergkäse vermischen. Kleine Auflaufschüsseln ausbuttern und die Schwammerlmasse einfüllen.

Die Eier mit Milch, Thymian und Crème fraîche vermischen, salzen und pfeffern und über die Masse gießen. Etwas ziehen lassen.

Den restlichen Bergkäse darüberstreuen. Die Schüsseln in eine größere Auflaufform stellen und mit kochendem Wasser bis zur halben Höhe auffüllen. 20 Minuten backen.

Zu guter Letzt:
Den Auflauf am besten mit grünem Salat servieren.

LOS GEHTS!
BUCH #4

SPANFERKELRÜCKEN MIT SEMMELKNÖDEL UND KRAUTSALAT

Zutaten für 16 kleine Portionen

Zutaten:

1,2 kg Spanferkelrücken mit Schwarte
2 Knoblauchzehen
1 EL Kümmel
1 EL Fenchel
Salz
500 ml Bier
eventuell etwas Gemüsesuppe
50 g kalte Butter

Zubereitung:

Das Backrohr auf 160 °C Umluft vorheizen.
Eine Bratpfanne 2 cm hoch mit kochendem Wasser füllen und das Wasser leicht salzen. Den Spanferkelrücken mit der Schwarte nach unten in das kochende Wasser legen und im Backrohr 10 Minuten kochen. Herausnehmen, das Wasser weggießen und die Haut rautenförmig einschneiden. Mit Kümmel, Fenchel und Salz einreiben. In die Pfanne zurückgeben, die klein geschnittenen Knoblauchzehen dazugeben und das Bier angießen. Im Backrohr ca. 1 Stunde braten. Eventuell etwas Suppe nachgießen.

Zu guter Letzt:

Das Fleisch herausnehmen. Den Saft durch ein Sieb gießen, abschmecken und die kalte Butter nach und nach unterrühren. Das Fleisch mit Semmelknödeln und Krautsalat servieren.

Semmelknödel:
Zutaten:

8 alte Semmel
1 mittelgroße Zwiebel
400 ml Milch
2 EL Butter
2 Eier
50 g Mehl

Zubereitung:

Semmeln und Zwiebel klein würfelig schneiden. Die Butter in einer Pfanne schmelzen und die Zwiebel darin anbraten. Zu den Semmelbröckerln geben. Die Eier mit der Milch versprudeln und über die Semmelmasse gießen. Mit einem Teller beschweren und 10 Minuten ziehen lassen. Das Mehl untermischen. Mit nassen Händen kleine Knödel formen und diese in siedendem Wasser ca. 15 Minuten ziehen lassen.

Krautsalat:

Zutaten:

700 g frisches Kraut

100 g würfeliger Speck

1 EL Kümmel

2 EL Apfelessig

50 ml Wasser

Salz

3 EL Öl

2 EL Schmalz

Zubereitung:

Das Kraut fein schneiden und einsalzen. 1 Stunde stehen lassen. Das Schmalz in einer Pfanne schmelzen und den Speck darin knusprig braten. Mit dem Apfelessig aufgießen und den Kümmel dazugeben. Wasser und Öl hinzufügen, die Marinade mit Salz und Pfeffer abschmecken und noch heiß über das Kraut gießen.

SPECKKNÖDEL MIT GESCHMORTEM ROTKRAUT

Zutaten für 32 kleine Knödel

Zutaten:

360 g entrindetes Weißbrot
100 g geräucherter Speck
2 Schalotten
1 Bund Petersil
1 EL Butter
200 ml Milch
60 g Mehl
2 Eier
Majoran
Muskatnuss

Für das Rotkraut:

1 Häuptel Rotkraut
2 EL Öl
1 große Zwiebel
3–4 Gewürznelken
2 Äpfel
200 ml Rotwein
1 Schuss Rotweinessig
50 ml Johannisbeersirup
Kümmel

Zubereitung:

Das Rotkraut am Vortag in feine Streifen schneiden und über Nacht einsalzen.

Am nächsten Tag die Zwiebel fein schneiden und im Öl andünsten. Das Kraut dazugeben und zusammenfallen lassen. Die Äpfel schälen und reiben. Mit den Gewürzen zum Kraut geben und mit dem Essig kurz ablöschen. Rotwein und Sirup dazugeben. 20 Minuten köcheln lassen, dann abschmecken.

Für die Knödel das Weißbrot würfeln. Den Speck und die Schalotten klein schneiden und in der Butter anbraten. Den gehackten Petersil dazugeben und untermischen. Die Milch hinzufügen und wärmen. Diese Mischung über das Brot gießen und ca. 20 Minuten zugedeckt ziehen lassen.

Die Eier verschlagen und über die Masse geben, alles gut durchmischen und mit geriebener Muskatnuss, Majoran, Salz und Pfeffer abschmecken. Zuletzt das Mehl hinzufügen.

Einen Topf mit Wasser aufsetzen und mit feuchten Händen aus der Masse kleine Knödel formen. Diese ins siedende Wasser einlegen und ca. 20 Minuten ziehen lassen.

Zu guter Letzt:

Die Knödel mit dem Rotkraut anrichten.

STEIRISCHES WURZELFLEISCH

**Zutaten für
16 kleine Portionen**

Zutaten:

800 g Schweinsschulter
600 g festkochende Erdäpfel
200 g Sellerie
2 Karotten
2 gelbe Rüben
2 Lauchstangen
1 Lorbeerblatt
1 TL Pfefferkörner
50 ml Apfelessig
1,5 l Gemüsesuppe
frischer Kren
Schnittlauch

Zubereitung:

Die Gemüsesuppe mit den Gewürzen aufkochen, den Essig dazugeben und das Fleisch in dem Sud ca. 90 Minuten köcheln lassen, bis es weich ist.

Die Karotten, die gelben Rüben, den Sellerie und die Erdäpfel schälen und in ca. daumengroße Stücke schneiden. (Erdäpfel der Länge nach vierteln.) Den Lauch in 5 mm dicke Scheiben schneiden. Alles zum Fleisch geben und noch ca. 15 Minuten mitkochen.

Zu guter Letzt:

Das Fleisch herausnehmen, in dünne Scheiben schneiden und in Schüsselchen anrichten. Das Gemüse dazugeben, den Sud eventuell etwas einkochen und mit Salz und Pfeffer abschmecken. Über das Fleisch und Gemüse gießen und mit frischem Kren und Schnittlauch bestreut servieren.

SZEGEDINER KRAUTFLEISCH

**Zutaten für
16 kleine Portionen**

Zutaten:

800 g nicht zu magere
Schweinsschulter
700 g Sauerkraut
200 g Zwiebeln
2 EL Öl
4 EL Paprikapulver, edelsüß
4 EL Tomatenmark
1 l Gemüsesuppe
1 Lorbeerblatt
Kümmel
Sauerrahm zum Servieren

Zubereitung:

Das Fleisch grob würfelig schneiden und im heißen Öl anbraten.
Die Zwiebeln klein schneiden und zum Fleisch geben.
Paprikapulver, Tomatenmark, Lorbeerblatt und Kümmel dazugeben
und mit der Suppe ablöschen. Ca. 20 Minuten kochen lassen und
dabei die Flüssigkeit auf die Hälfte reduzieren.

Das Sauerkraut grob schneiden, zum Fleisch geben und zugedeckt
bei mittlerer Hitze weitere 20 Minuten mitkochen. Mit Salz und
Pfeffer abschmecken.

Zu guter Letzt:

Das Krautfleisch mit einem Löffel Sauerrahm servieren.
Dazu passen Salzerdäpfel.

O DU MEIN SAUERKRAUT

Im Budapester Restaurant „Zur Spieluhr" soll einer Legende nach das Szegediner Gulasch kreiert worden sein. Der Stadtbibliothekar Székely kam eines späten Abends mit großem Hunger ins Restaurant, wo man ihm allerdings nichts mehr zu essen servieren wollte. Der Kellner weigerte sich, da der Koch bereits gegangen war. Der hungrige Székely wollte das nicht hinnehmen und schrie völlig aufgebracht: *„Es muss doch möglich sein, dass Sie mir ein Pörkölt und eine Portion Sauerkraut aufwärmen. Dazu braucht man keinen Koch."*

Der verängstigte Kellner wusste sich nicht anders zu helfen, als dem Wunsch des aufge-brachten Gastes nachzukommen und servierte ihm ein Gericht aus Sauerkraut, Pörkölt und einem Klecks Sauerrahm. Der Dichter Szándor Petöfy, Augenzeuge dieses Vorfalls, bestellte es aus Neugierde am nächsten Tag, da Székelys Begeisterung nicht zu über-sehen war. Das Székely-Gulasch, wie die Speise ab nun hieß, wurde im ganzen Land bekannt und ihre Beliebtheit erstreckte sich sogar über die Landesgrenzen hinaus. In Wien wird das Gericht aber aufgrund eines Hörfehlers bis heute als Szegediner Gulasch bezeichnet.

Parlamentsgebäude in Budapest

TOPFENFLECKERL MIT GRAMMELN UND SPECK

Zutaten für 16 kleine Portionen

Zutaten:
600 g Fleckerl
2 EL Öl
200 g Speck
200 g Zwiebeln
200 g Grammeln
200 g Topfen (20 %)

Zubereitung:
Die Zwiebeln klein schneiden. Das Öl in einer Pfanne erhitzen und die Zwiebelstücke darin anbraten. Den Speck klein würfelig schneiden und zu den Zwiebeln geben. Knusprig braten und mit Salz und Pfeffer abschmecken.

Die Grammeln ein wenig hacken.

In der Zwischenzeit die Fleckerl in reichlich Salzwasser bissfest kochen und abseihen.

Zu guter Letzt:
Die Fleckerl zur Zwiebel-Speck-Mischung geben und Topfen und Grammeln darüberstreuen.

TOPFENAUFLAUF MIT SCHINKEN

**Zutaten für
16 kleine Portionen**

Zutaten:

100 g weiche Butter
500 g Topfen (20 %)
6 Eier
200 g Schinken
2 EL Maizena
Muskatnuss
geriebener Käse
Butter zum Einfetten der
Souffléförmchen

Zubereitung:

Das Backrohr auf 160 °C Umluft vorheizen.

Die Butter schaumig schlagen und den Topfen einrühren.
Den Schinken klein schneiden. Die Eier trennen und die Eidotter
einzeln einrühren. Den Schinken dazugeben und die Maizena
unterheben.

Eiweiß steif schlagen und den Eischnee vorsichtig unterziehen.
Mit geriebener Muskatnuss, Salz und Pfeffer abschmecken.

Die Förmchen ausbuttern, dabei die Butter von unten nach
oben ziehen. Die Topfenmasse einfüllen und mit Käse bestreuen.

Zu guter Letzt:

Ca. 20 Minuten goldbraun backen.

ÜBERBACKENE SCHINKENFLECKERL

**Zutaten für
16 kleine Portionen**

Zutaten:

300 g Fleckerl

300 g Schinken, Geselchtes oder
eine Mischung aus Geselchtem
und Knackwurst

4 Eier

250 ml Sauerrahm

125 g weiche Butter

geriebener Käse zum Bestreuen

Für die Béchamelsauce:

50 g Butter

3 EL Mehl

1 Prise Senfpulver

Salz

Muskatnuss

300 ml Milch

Zubereitung:

Die Fleckerl in ausreichend Salzwasser kochen.

Den Schinken oder das Geselchte in kleine Stückchen schneiden
(oder im Food Processor klein hacken). Die Eier trennen.
Die Butter mit den Eidottern und dem Sauerrahm abtreiben.
Den Schinken dazugeben und mit den Fleckerln vermischen.
Gut mit Salz und Pfeffer würzen. Das Eiweiß zu Eischnee schlagen
und diesen vorsichtig unterziehen. Die Masse in eine gebutterte
Auflaufform füllen.

Für die Béchamelsauce die Butter in einem Topf schmelzen, das
Mehl dazugeben und verrühren. Mit dem Senfpulver bestreuen
und vermischen. Nach und nach die Milch dazugeben und dabei
fest rühren, damit keine Klumpen entstehen. Mit geriebener
Muskatnuss und Salz würzen.

Die Béchamelsauce über die Schinkenfleckerl gießen und mit
dem geriebenen Käse bestreuen.

Zu guter Letzt:

Im vorgeheizten Backrohr bei 180 °C ca. 40 Minuten backen,
bis die Fleckerl goldgelb und knusprig sind.

ZANDER MIT PAPRIKAKRAUT

Zutaten für 16 kleine Portionen 🍴

Zutaten:
1 kg Zanderfilet
2 EL Butter und 2 EL Öl

Für das Kraut:
600 g Weißkraut
300 ml Gemüsesuppe
1 Zwiebel
2 EL Paprikapulver, edelsüß
4 EL Ajvar
2 EL Öl

Für die Sauce:
200 ml Fischfond
200 ml Schlagobers
1 Schalotte
1 EL Butter
100 ml Weißwein
1 Spritzer Zitronensaft nach Belieben

Zubereitung:

Für das Kraut die Zwiebel klein schneiden und im Öl anbraten. Das Kraut ein paar Mal durchschneiden und dazugeben. Paprikapulver und Ajvar hinzufügen und mit der Gemüsesuppe aufgießen. Ca. 15 Minuten köcheln lassen. Abschmecken.

Für die Sauce die Schalotte klein schneiden und in der Butter anbraten. Mit dem Wein und dem Fischfond aufgießen und auf die Hälfte reduzieren. Das Schlagobers dazugeben und abschmecken, eventuell mit einem Spritzer Zitronensaft verfeinern.

Den Fisch salzen und in kleine Streifen (2 cm breit) schneiden. Öl und Butter in einer Pfanne heiß werden lassen. Die Fischstücke mit der Hautseite hineinlegen. Den Fisch braten, dabei immer wieder mit der Öl-Butter-Mischung begießen, bis er nicht mehr glasig ist.

Zu guter Letzt:
Die Sauce mit dem Pürierstab schaumig schlagen, das Kraut anrichten und die Fischstücke darauflegen. Die Sauce mit einem Löffel darübergießen.

NACHSPEISEN

APFELGUGELHUPF

**Zutaten für
16 Mini-Gugelhupfe** 🍴

Zutaten:
500 g geriebene Äpfel
100 g geriebene dunkle
Schokolade
100 g geriebene Walnüsse
200 g weiche Butter
200 g Zucker
200 g Mehl
1 TL Backpulver
4 Eier
Butter zum Ausfetten der
Backform
Staubzucker zum Bestreuen

Zubereitung:
Das Backrohr auf 160 °C Umluft vorheizen.
Butter und Zucker schaumig schlagen, die Eier
einzeln einrühren. Anschließend Äpfel, Nüsse und
Schokolade einrühren, zum Schluss Mehl und
Backpulver unterheben. Die Masse in kleine, mit
Butter gefettete Backformen füllen und im Rohr
ca. 20 Minuten backen.

Zu guter Letzt:
Die Mini-Gugelhupfe stürzen und mit
Staubzucker bestreut genießen.

DER „FAULE HANNS"
UNTER DEN GUGELHUPFEN

Ausgrabungen in Carnuntum zeigen deutlich: Den Gugelhupf kannten bereits die Römer vor etwa 2000 Jahren. Das Erstaunliche: Die damaligen Backformen haben sich bis heute kaum verändert, nur das Material war ein anderes. Bronze oder Kupfer würde man heutzutage wohl nicht mehr verwenden. Nach der Römerzeit gingen diese Formen jedoch im Zuge der Wirren der Völkerwanderung verloren. Erst im 15. Jahrhundert traten sie wieder in Erscheinung und fanden rasch Anklang und Verbreitung in den Alpenländern.

Ein Vorläufer dieser so beliebten Mehlspeisspezialität ist im „Grazer Kochbuch" von 1686 vermerkt. Dort als „Fauler Hanns" bezeichnet wird das Rezept eines Hefeteiges beschrieben, der zuerst in einer Zuckerhutform gebacken und dann in Scheiben geschnitten und mit Butter sowie Zucker verfeinert ein zweites Mal gebacken wurde.

Seit damals hat der Gugelhupf einige Teig- und Zutatenvarianten durchgemacht und auch seinen Status in der Gesellschaft des Öfteren geändert: vom Armeleuteessen im 18. Jahrhundert bis hin zum Frühstück von Kaiser Franz Joseph. Während seiner Sommerfrische in Bad Ischl soll der Kaiser bei der Hofkammersängerin Katharina Schratt selbst gebackenen oder frisch vom ehemaligen k. u. k. Hoflieferanten & Hofzuckerbäcker Zauner gebrachten Gugelhupf genossen haben. Heutzutage darf der Gugelhupf beim Sonntagsfrühstück oder der sogenannten Wiener Kaffeejause nicht fehlen.

APFELSTRUDELPÄCKCHEN MIT MOSTSAUCE

Zutaten für ca. 30 Stück

Zutaten:

8 Äpfel
100 g gehackte Walnüsse
100 g Zucker
50 g Semmelbrösel
50 g Rosinen
½ TL Zimt
2 EL Rum
2 Pkg. Strudelblätter
flüssige Butter zum Bestreichen der Strudelblätter
Staubzucker zum Bestreuen

Für die Mostsauce:

300 ml Milch
200 ml Apfelsaft
80 g Staubzucker
1 Vanilleschote
4 Eidotter

Zubereitung:

Das Backrohr auf 160 °C Umluft vorheizen.

Die Äpfel schälen, entkernen und klein schneiden. Die Rosinen im Rum einweichen. Die Äpfel mit dem Zucker, den Bröseln, den Nüssen, dem Zimt und den Rosinen vermischen.

Ein Strudelblatt mit flüssiger Butter bestreichen, ein zweites darauflegen und in ca. 10 cm große Quadrate schneiden. Einen Esslöffel von der Apfelmasse daraufgeben und die Ecken zusammendrehen. Mit ein wenig Butter bepinseln und auf ein Backblech legen. Mit den restlichen Strudelquadraten ebenso verfahren.

Für die Mostsauce die Milch mit dem Apfelsaft und der Vanilleschote aufkochen. Zucker und Eidotter schaumig schlagen und mit einer Schneerute in die heiße Flüssigkeit einschlagen. Unter ständigem Rühren dick werden lassen.

Zu guter Letzt:

Die Säckchen im Rohr ca. 12 Minuten backen. Herausnehmen, mit Staubzucker bestreuen und mit der Mostsauce servieren.

BRATAPFELPARFAIT

Zutaten:

3 säuerliche Äpfel
1,5 Zimtstangen
50 g ganze geschälte Mandeln
2 EL Waldhonig
60 ml Weißwein
3 Eier
100 g Zucker
250 ml Schlagobers

Zubereitung:

Das Backrohr auf 160 °C Umluft vorheizen.

Den Äpfeln das Kerngehäuse ausstechen und in die Mitte je eine halbe Zimtstange stecken. Die Mandeln, den Honig und den Wein dazugeben und im Rohr 30 Minuten backen. Herausnehmen und abkühlen lassen. Danach die Äpfel passieren.

Die Eier trennen. Die Eidotter mit dem Zucker schaumig schlagen und die passierten Äpfel unterrühren. Eiweiß und Schlagobers ebenfalls schlagen, bis beides fest ist. Zuerst das Schlagobers, dann den Eischnee unter die Eimasse ziehen. In eine Kuchenform oder in einzelne Förmchen füllen und mindestens 6 Stunden gefrieren lassen.

Zu guter Letzt:

Die Förmchen herausnehmen, stürzen und mit ein paar gebratenen Apfelstückchen servieren.

BUCHTELN MIT KANARIMILCH

Zutaten für ca. 20 Portionen

Zutaten:

500 g Mehl
40 g Germ
80 g Staubzucker
80 g Butter
200 ml Milch
1 Prise Salz
1 Pkg. Vanillezucker
Zitronenschale
4 Eidotter
2 Eier
400 g Powidl
Butter zum Ausfetten der Form

Zubereitung:

Das Backrohr auf 160 °C Umluft vorheizen.

Den Germ in warmer Milch auflösen, 50 g Mehl einrühren, mit Mehl bestauben und an einem warmen Ort aufgehen lassen (Dampfl). Die Butter schmelzen und mit dem Dampfl und den restlichen Zutaten in der Küchenmaschine zu einem glatten Teig verarbeiten, bis sich der Teig vom Rand löst. 20 Minuten zugedeckt rasten lassen.

Den Teig zu einer Rolle formen und in Scheiben schneiden. Mit einem Löffel ein wenig Powidl auf die flach gedrückten Teigstücke verteilen und die Teigränder nach oben ziehend miteinander verbinden.

Zu guter Letzt:

Eine passende Form ausbuttern und die Buchteln, die zuvor mit geschmolzener Butter bestrichen wurden, nebeneinander hineinsetzen. Nochmals gehen lassen und anschließend ca. 30 Minuten backen.

Kanarimilch
Zutaten:

500 ml Milch
80 g Staubzucker
1 Vanilleschote
4 Eidotter

Die Milch mit der Vanilleschote aufkochen. Zucker und Eidotter schaumig schlagen und mit einer Schneerute in die heiße Milch einschlagen. Unter ständigem Rühren dick werden lassen. Heiß zu den Buchteln servieren.

Wiens eleganteste Café-Localität – Café Landtmann

„IM KAFFEEHAUS SITZEN LEUTE, DIE ALLEINE SEIN WOLLEN, ABER DAZU GESELLSCHAFT BRAUCHEN!"

Alfred Polgar

Wiener Kaffeehaustradition – ein Stück Identität. Kleine Marmortischchen, stilvolle Thonetsessel oder gemütliche Plüschbänke, in Logen bei einer Melange sitzend, der Blick in eine aufgeschlagene Zeitung, mit anderen Gästen über das Leben philosophierend – das Wiener Kaffeehaus ist eine Insel am Rande der vergehenden Zeit. Nicht umsonst gehört es seit 2011 zum immateriellen Kulturerbe der UNESCO und war es um 1900 ein beliebter Ort für Dichter und Denker. Für Stefan Zweig ist „das Wiener Kaffeehaus eine Institution besonderer Art [...], die mit keiner ähnlichen der Welt zu vergleichen ist".

Um 1918 existierten in Wien um die 800 Kaffeehäuser. Zu den legendärsten zählten die Cafés „Herrenhof", „Central", „de l'Europe" „Museum" und „Griensteidl", wo Literaten wie Arthur Schnitzler, Karl Kraus, Friedrich Torberg, Robert Musil, Egon Friedell, Hugo von Hofmannsthal oder Georg Trakl und bildende Künstler wie Egon Schiele, Gustav Klimt oder Oskar Kokoschka gerne verweilten, Inspiration sammelten und sich austauschten. Das älteste noch erhaltene Kaffeehaus, das Café Frauenhuber, befindet sich in der Himmelpfortgasse: Dort konnte man schon Wolfgang Amadeus Mozarts Kompositionen lauschen und Ludwig van Beethoven zur Tafelmusik aufspielen sehen. „Wiens eleganteste Café-Localität" ist zweifelsohne seit 1873 das Café Landtmann.

Ein besonderes Mehlspeisenhighlight gibt es seit der Eröffnung an jedem Abend im alteingesessenen Café Leopold Hawelka: Josefines legendäre Buchteln, inzwischen von ihrem Sohn Günter zubereitet. Die Kultmehlspeise kam wie einige andere Gerichte aus den Kronländern der Donaumonarchie nach Österreich – genauer im Gepäck böhmischer Köchinnen –, wo sie in Wiener Bürger- und Adelshäusern und damit in die österreichische Küche Eingang fanden.

Ihren Anfang nahm die Wiener Kaffeehaustradition angeblich am 12.9.1638, an dem Tag, als die Türken nach dem Angriff des Entsatzheeres in der Schlacht am Kahlenberg überstürzt flüchteten. Zurück blieb neben Kriegsgefangenen, Waffen und Munition vor allem eines: Kaffee. Das schwarze Gold, das damals in Wien noch gänzlich unbekannt war, soll der polnische Handelsreisende Georg Franz Kolschitzky als Erster unter die Wiener gebracht haben. Er soll die für seine Großtaten bei der Verteidigung der Stadt als Geschenk erhaltenen Kaffeebohnen geröstet, gemahlen und mit heißem Wasser aufgegossen haben. Diese Geschichte hält sich nach wie vor, tatsächlich erhielt 1685 der Armenier Johannes Diodato die Hoffreiheit, Kaffee auszuschenken, was er 20 Jahre lang als Einziger im ersten Wiener Kaffeehaus in seinem Wohnhaus am Haarmarkt (heute Rotenturmstraße 14) tat.

GEBACKENE MÄUSE

Zutaten für ca. 40 Stück 🍴🥄

Zutaten:

250 ml Milch
40 g Germ und 1 EL Zucker
500 g Mehl
50 g Butter
50 g Zucker
1 Pkg. Vanillezucker
2 Eidotter
1 Prise Salz
Öl zum Herausbacken
Staubzucker zum Bestreuen

Für den Preiselbeerrahm:

250 ml Sauerrahm
4 EL Preiselbeerkompott

Zubereitung:

Die Milch erwärmen. 5 EL davon mit dem Germ und 1 EL Zucker vermischen. 2/3 des Mehls in eine Schüssel geben und eine Mulde hineindrücken. Die Germmilch hineingeben und mit etwas Mehl zudecken. An einem warmen Ort ca. 30 Minuten gehen lassen.

Die Butter zerlassen und mit der restlichen Milch, Dotter, Zucker, Vanillezucker und Salz vermischen und unter das Dampfl rühren. So lange abschlagen, bis der Teig Blasen macht. Das restliche Mehl dazugeben und glatt kneten. Nochmals ca. 30 Minuten gehen lassen.

Das Öl in einem großen Topf erhitzen und mit einem Löffel kleine Stücke aus dem Teig stechen. Im heißen Öl ca. 2 Minuten frittieren, dann umdrehen und nochmals 2 Minuten herausbacken. Auf Küchenrolle abtropfen lassen.

Zu guter Letzt:

Den Sauerrahm mit den Preiselbeeren vermischen. Die Mäuse mit Staubzucker bestreuen und mit dem Preiselbeerrahm servieren.

GRIESSFLAMMERIE
MIT MARILLENRÖSTER

**Zutaten für
20 kleine Förmchen**

Zutaten:
800 ml Milch
120 g Grieß
120 g Zucker
3 Eier
1 Pkg. Vanillezucker
Zitronenschale
Butter zum Ausfetten und
Kristallzucker zum Ausstreuen
der Förmchen
brauner Zucker zum Bestreuen

Für den Marillenröster:
1 kg reife Marillen
150 g Zucker
1 Pkg. Vanillezucker
2 EL Rum
½ TL Zimt
100 ml Wasser

Zubereitung:
Die Milch mit Zitronenschale, Vanillezucker und der Hälfte des
Zuckers aufkochen. Den Grieß langsam einrieseln lassen und
unter ständigem Rühren 3 Minuten kochen. Kurz abkühlen. Die
Eier trennen. Die Eidotter einrühren und weiter abkühlen lassen.

Das Eiweiß mit dem restlichen Zucker steif schlagen und den
Eischnee unter den Grießbrei ziehen.

20 kleine Förmchen ausbuttern und mit Kristallzucker ausstreuen.
Die Grießmasse einfüllen und ganz abkühlen lassen.
Mit Frischhaltefolie abdecken.

Für den Marillenröster die Marillen halbieren oder vierteln.
In einem Topf mit Zucker, Rum, Zimt, Vanillezucker und dem
Wasser aufkochen lassen und bei mäßiger Hitze 15 Minuten
köcheln.

Zu guter Letzt:
Die Flammeries stürzen, mit braunem Zucker bestreuen und
unter dem Grill karamellisieren. Mit Marillenröster servieren
(am besten lauwarm).

GRIESSKNÖDERL MIT ZWETSCHKENKOMPOTT

**Zutaten für
20 kleine Knöderl**

Zutaten:
300 ml Milch
100 g Grieß
20 g Butter
2 EL Zucker
1 Pkg. Vanillezucker
2 Eidotter
1 Prise Salz

Zubereitung:
Die Milch mit Butter, Zucker, Vanillezucker und Salz aufkochen und den Grieß einrieseln lassen. Unter ständigem Rühren 3 Minuten weiterköcheln. Leicht abkühlen lassen. Die Eidotter unterrühren und mit angefeuchteten Händen kleine Knöderl formen.

Für das Zwetschkenkompott:
400 g Zwetschken
150 g Zucker
1 Zimtstange
1 Schuss Rum

Für das Zwetschkenkompott die Zwetschken vierteln und entsteinen. Einen Topf mit 50 ml Wasser aufstellen und die Zwetschken darin mit dem Zucker, der Zimtstange und dem Rum ca. 10 Minuten kochen lassen. Kalt stellen. Die Zimtstange vor dem Servieren entfernen.

Zu guter Letzt:
Die Grießknöderl in leicht kochendem Salzwasser 5 Minuten kochen, dann 10 Minuten ziehen lassen. Mit Zwetschkenkompott servieren.

HOLUNDERMOUSSE

**Zutaten für
20 Gläschen**

Zutaten:

125 ml Holundersirup
375 ml Wasser
6 Eier
150 g Staubzucker
8 Blatt Gelatine
500 ml Schlagobers
1 EL Zitronensaft

Zubereitung:

Den Sirup mit dem Wasser verdünnen.

Die Eier trennen. Die Eidotter mit dem Staubzucker schaumig schlagen.

Die Gelatine in kaltem Wasser einweichen, ausdrücken und auf kleiner Flamme auflösen. Etwas Holundersaft und Zitronensaft in die Gelatine mischen und dann mit dem restlichen Saft in die Eidotter-Zucker-Creme rühren.

Eiweiß und Schlagobers steif schlagen und beides vorsichtig unterziehen. Die Masse in die Gläschen füllen und mindestens 2–3 Stunden kalt stellen.

Zu guter Letzt:

Die Holundermousse aus dem Kühlschrank nehmen und genießen.

KROKANTMOUSSE

**Zutaten für
20 Schüsselchen** 🍴🍴

Zutaten:
3 Eier
100 g Staubzucker
250 ml Schlagobers
Himbeeren zum
Garnieren

Für den Krokant:
150 g Staubzucker
150 g Walnüsse

Zubereitung:

Für den Krokant den Staubzucker in einer Pfanne schmelzen, bis er braun wird. Die Walnüsse im Ganzen daruntermischen, sofort auf Backpapier stürzen und zu einem Block auskühlen lassen. Den Block in einen Gefrierbeutel geben, verschließen und mit dem Nudelholz klein schlagen.

Die Eier trennen. Die Eidotter und den Staubzucker in eine Schüssel geben und mit dem Mixer schaumig rühren, bis eine dicke weiße Creme entsteht. Etwas von dem Krokant für die Garnitur beiseite stellen. Den restlichen Krokant unter die Creme ziehen, dann geschlagenes Obers und Eischnee unterheben.

Zu guter Letzt:

Die Masse in kleine Förmchen füllen und mit frischen Himbeeren und Krokant garnieren.

KÜRBISKERNGUGELHUPF

**Zutaten für
18 kleine Gugelhupfe**

Zutaten:

50 g geriebene Kürbiskerne
80 g Staubzucker
100 g Mehl
1 Prise Backpulver
2 Eier
50 ml Kernöl
50 ml Wasser
Staubzucker zum Bestreuen

Zubereitung:

Das Backrohr auf 160 °C Umluft vorheizen.

Die Eier trennen und die Eidotter mit dem Staubzucker schaumig schlagen. Kernöl und Wasser dazugeben. Die geriebenen Kürbiskerne, das Mehl und das Backpulver ebenfalls hinzufügen.

Das Eiweiß steif schlagen. Einen Löffel davon mit dem Mixer in den Teig einrühren, den Rest mit der Hand unterziehen. Die Masse in die Backformen füllen.

Zu guter Letzt:

Die Küchlein ca. 20 Minuten im Rohr backen, dann herausnehmen, stürzen und mit Staubzucker bestreut servieren.

LEBKUCHEN-
SCHOKOMOUSSE

**Zutaten für
12 kleine Gläschen** 🍴

Zutaten:
130 g Lebkuchen
130 g Zartbitterschokolade
(70 %)
250 ml Schlagobers
2 EL Rum
1 Ei
extra Lebkuchen
zum Verzieren

Zubereitung:
Den Lebkuchen klein schneiden und mit dem Rum
vermischen. 10 Minuten ziehen lassen. Die Schokolade
schmelzen. Das Schlagobers steif schlagen.

Das Ei mit ein wenig Wasser verquirlen und über Dampf
andicken lassen. Die Schokolade unterziehen, dann den
Lebkuchen und zuletzt das Obers. In kleine Gläschen füllen.

Zu guter Letzt:
Den extrigen Lebkuchen klein schneiden und auf die Gläschen
verteilen.

Tipp:
Schmeckt auch köstlich mit einer Beerenmischung: Tiefgekühlte
Beeren mit ein wenig Orangensaft und Zucker vermengen,
aufkochen und 1 TL Maizena einrühren. Abkühlen lassen.

LINZER TORTE IM GLAS

Zutaten für ca. 40 Stück

Zutaten:
100 g Mehl
200 g Butter
200 g geriebene Mandeln
100 g Zucker
2 Eidotter
1 TL Nelken
1 TL Zimt
100 g Ribiselmarmelade
(ohne Kerne)
250 ml Schlagobers
100 g Sauerrahm
frische Ribisel
zum Servieren

Zubereitung:
Das Backrohr auf 160 °C Umluft vorheizen.

Butter, Mehl, Mandeln, Zucker, Eidotter und Gewürze in einem Food Processor vermengen. Den Teig dünn auf ein Blech ausrollen und mindestens 1 Stunde kalt stellen.

Den Teig mit Eiweiß bestreichen und im Backrohr 30 Minuten backen. Auskühlen lassen.

In der Zwischenzeit das Obers steif schlagen und mit der Marmelade und dem Sauerrahm vermengen.

Den ausgekühlten Teig in einen Plastikbeutel geben und mit einem Nudelholz zerbröseln.

Zu guter Letzt:
Die Linzer Torten Brösel in kleine Gläser füllen und die Ribiselmousse mit einer Spritztüte darauf spritzen. Mit frischen Ribiseln garnieren.

„WAS SIND ALLER DICHTER WORTE GEGEN EINE LINZER TORTE!"

Ernst von Wildenbruch, Dramatiker, 1845–1909

Was haben die schönen Linzerinnen mit der ältesten Torte der Welt zun tun? Auf jeden Fall: In Linz beginnt's … Oder doch in Ägypten? Zumindest was die Anfänge der Linzer Torte betrifft. Ein Backwerk mit charakteristischem Rautengitter und mit Fruchtmasse gefüllt soll dort angeblich vor circa 4400 Jahren als Grabbeigabe gedient haben. Handschriftlich erstmals vermerkt wurde die Linzer Torte 1653 im Kochbuch der Gräfin Anna Margarita Sagramosa. Es ist somit das älteste überlieferte Tortenrezept weltweit. Auch wenn dem Linzer Konditor und Zuckerbäcker Johann Konrad Vogel (1796–1883) die

Im Zentrum von Linz, der Hauptplatz

Erfindung zugeschrieben wird, so hat er „lediglich" dank seiner Massenproduktion für deren Verbreitung und Popularität gesorgt. Der Ursprung des Namens ist bis heute nicht gänzlich geklärt, höchstwahrscheinlich soll er sich von einem Mürbteig, dem „Linzer Teig", ableiten. Der seinen Namen wiederum den schönen Linzerinnen verdankt, denen der Ruf als hervorragende Bäckerinnen vorauseilte. Mittlerweile fungiert die „Linzer Torte" sogar als Namensgeberin einer Operette. Der deutsche Komponist Ludwig Schmidseder (1904–1971) hat der Erfindungslegende der süßen oberösterreichischen Versuchung ein musikalisches Denkmal gesetzt. Die „Original Linzer Torte" als kulinarischen Genuss gibt es in der Konditorei Jindrak, wo sie seit über 90 Jahren gebacken wird.

MANDEL-BUTTERKUCHEN

**Zutaten für
ca. 30 Küchlein** 🍴🍴

Zutaten:

1 Becher Schlagobers (250 ml)
2 Becher Mehl (Becher vom
Obers verwenden)
1 Becher Zucker (Becher vom
Obers verwenden)
4 Eier
3 EL geschmolzene Butter
1 Pkg. Vanillezucker
1 Prise Salz

Für den Belag:

150 g Butter
3 EL Milch
1 Becher Zucker (Becher vom
Obers verwenden)
1 Pkg. Vanillezucker
200 g gehobelte Mandeln

Zubereitung:

Das Backrohr auf 180 °C Umluft vorheizen.

Alle Zutaten gut miteinander vermischen und die Masse
auf einem Blech gleichmäßig ausstreichen. Im Rohr
ca. 10–15 Minuten backen.

In der Zwischenzeit alle Zutaten für den Belag in einem Topf
erwärmen und auf dem Kuchenboden verteilen. Nochmals
ca. 10–15 Minuten bei gleicher Temperatur backen.

Zu guter Letzt:

In kleine Würfel schneiden und servieren.

MEIN KAISERSCHMARREN

Zutaten für
10 kleine Portionen

Zutaten:
4 Eier
120 ml Schlagobers
1 Pkg. Vanillezucker
2 EL Mehl
1 Schuss Rum
Zitronenschale
250 ml Sauerrahm
4 EL Zucker
3 EL Butter

Für den Preiselbeerrahm:
50 g Preiselbeerkompott
100 g Sauerrahm

Zubereitung:
Die Eier trennen. Die Eidotter mit 2 EL Zucker cremig schlagen und mit Vanillezucker, Rum und Zitronenschale vermischen. Das Schlagobers steif schlagen und unter die Dottermasse ziehen. Das Eiweiß mit dem restlichen Zucker steif schlagen und den Eischnee ebenfalls unter die Masse heben. Das Mehl darübersieben und vorsichtig untermischen.

Für den Preiselbeerrahm Preiselbeerkompott und Sauerrahm vermischen.

Zu guter Letzt:
Die Butter in einer großen Pfanne schmelzen und den Teig hineingeben. Bei nicht zu großer Hitze stocken lassen.
Mit 2 Gabeln in mundgerechte Stücke reißen und weiterbraten, bis der Teig überall gebraten ist. Mit Zucker bestreuen und mit dem Preiselbeerrahm servieren.

„SAG ER MIR, WAS IST DENN DAS FÜR EIN SCHMARRN?"

Um die wohl bekannteste Süßspeise der österreichischen Küche ranken sich viele Legenden. Den meisten ist eines gemein, sie bringen den Schmarren in Verbindung mit Kaiser Franz Joseph. So soll dem Kaiser etwa bei einem Jagdausflug im Salzkammergut ein Holzfällerschmarren serviert worden sein – des Kaisers zu Ehren mit Milch, Rosinen und Eiern verfeinert, was den Schmarren zu einem vornehmeren „Kaiser"-Schmarren machte.

Einer anderen Legende zufolge soll es dem Hofkoch einmal passiert sein, dass der sonst dünne Palatschinkenteig zu dick geworden und bei der Zubereitung zerrissen war. Vor lauter Ärger stülpte der Koch eine Servierglocke über sein kulinarisches Missgeschick und

Schloss Schönbrunn

verließ den Ort seiner Schmach. Als der Kammerdiener in die Küche kam und den Teller mit der Servierglocke sah, ging er davon aus, dass die Nachspeise servierbereit sei, und brachte sie dem Kaiser. Dieser fragte daraufhin etwas verdutzt seinen Diener: *„Sag er mir, was ist denn das für ein Schmarrn?"* – *„Gestatten, Majestät, das ist ein Kaiserschmarrn!"*

Historiker leiten die Bezeichnung „Kaiserschmarren" vom Wort „Kaser" ab („Casa", Casaschmarren = Hausschmarren), was „Senner" heißt. Im Laufe der Zeit wurde daraus der „Kaiserschmarren", dessen Ursprung im südlichen Alpenraum liegt.

MILLIRAHMPÄCKCHEN MIT MARILLE

Zutaten für 36 Stück

Zutaten:

60 g weiche Butter
80 g Brioche
150 ml Milch
60 g Zucker
2 Eier
30 g Rosinen
1 EL Rum
Zitronensaft und -schale
80 ml Sauerrahm
Strudelteig
Öl
Staubzucker zum Bestreuen

Für das Marillenkompott:
500 g Marillen
200 g Zucker
1 EL Rum
½ TL Zimt

Zubereitung:

Das Backrohr auf 160 °C Umluft vorheizen.

Die Brioche zerstückeln und in der Milch einweichen. Die Rosinen mit dem Rum übergießen und etwas ziehen lassen. Die Eier trennen.

Die Butter mit dem Zucker schaumig schlagen, die Eidotter dazugeben. Die Brioche gut ausdrücken und mit den Rosinen dazugeben. Den Sauerrahm hinzufügen und mit einem Spritzer Zitronensaft und etwas abgeriebener Schale würzen. Das Eiweiß steif schlagen und den Eischnee unterziehen.

Für das Marillenkompott die Marillen entkernen und vierteln. Mit dem Zucker, Rum und Zimt 10 Minuten bei mittlerer Hitze köcheln. Kalt stellen.

Ein Blatt Strudelteig mit Öl bestreichen, das zweite Blatt darauflegen und nochmals mit Öl bestreichen. In ca. 8 cm große Quadrate schneiden und diese mit der öligen Seite nach unten in eine Minimuffinform legen. Die Fülle hineingeben und die überstehenden Ecken darüberklappen.

Zu guter Letzt:

Im Rohr ca. 15 Minuten backen, bis die Soufflés goldbraun sind. Mit Staubzucker bestreuen und mit dem Marillenkompott servieren.

MOHNKÜCHLEIN

Zutaten:

200 g weiche Butter
5 Eier
200 g Zucker
200 g gemahlener Mohn
1 EL Rum
Butter und Mehl für das Blech
Himbeergelee
frische Himbeeren
Staubzucker zum Bestreuen

Zubereitung:

Das Backrohr auf 160 °C Umluft vorheizen.

Die Eier trennen. Butter, Zucker und Eidotter schaumig rühren. Das Eiweiß zu steifem Schnee schlagen und abwechselnd mit dem Mohn und dem Rum unterheben. Die Masse auf ein befettetes und bemehltes Blech gießen und im Rohr ca. 35 Minuten backen.

Zu guter Letzt:

Auskühlen lassen und auf ein Brett stürzen. Runde oder eckige Küchlein ausstechen und die Hälfte mit Himbeergelee bestreichen. Jeweils ein zweites Küchlein daraufsetzen und mit frischen Himbeeren und Staubzucker verzieren.

NUSSTÖRTCHEN MIT KAFFEECREME

Zutaten für ca. 50 Stück

Zutaten:
5 Eier
100 g Zucker
10 EL Wasser
120 g gemahlene Walnüsse
160 g Mehl
1 Pkg. Backpulver

Für die Creme:
160 g gemahlene Walnüsse
30 ml Kaffee
160 g weiche Butter
6 EL Milch
200 g Zucker

Zubereitung:
Das Backrohr auf 160 °C Umluft vorheizen.

Die Eier trennen und die Dotter mit dem Zucker schaumig schlagen. Das Wasser und die Walnüsse dazugeben. Eiweiß steif schlagen und unter die Dottermasse ziehen. Das Mehl mit dem Backpulver vermischen und vorsichtig unterziehen.

Die Masse auf ein gefettetes Backblech gießen und im Rohr ca. 20 Minuten backen.

Für die Creme die Butter mit dem Zucker schaumig schlagen, Milch, Kaffee und Nüsse daruntermischen.

Zu guter Letzt:
Den Kuchen auf ein Brett stürzen und Kreise (Durchmesser ca. 4 cm) oder kleine Quadrate ausstechen. Die Creme daraufspritzen und, wer möchte, mit Kaffeebohnen verzieren.

POLSTERZIPF

Zutaten für ca. 25 Stück

Zutaten:
120 g Mehl
120 g Butter
120 g Topfen (20 %)
1 Prise Salz
Ribiselmarmelade
1 Eidotter zum Bestreichen
Staubzucker zum Bestreuen

Zubereitung:
Das Backrohr auf 160 °C Umluft vorheizen.

Mehl mit Butter und Topfen abbröseln. Salz dazugeben und rasten lassen.

Den Teig dünn auswalken und in 5 x 5 cm große Quadrate schneiden. Ein wenig Marmelade auf jedes Quadrat geben und jedes diagonal zu einem Dreieck falten. Gut zudrücken.

Zu guter Letzt:
Mit Eidotter bestreichen und ca. 15 Minuten goldbraun backen. Mit Staubzucker bestreut servieren.

SACHERTÖRTCHEN

Zutaten für ca. 40 Stück

Zutaten:

400 g dunkle Schokolade
150 g Butter
5 Eier
150 g Zucker
45 g Mehl
Schokoladenglasur
Marillenmarmelade
Butter zum Ausfetten
des Backblechs

Zubereitung:

Das Backrohr auf 160 °C Umluft vorheizen.

Butter und Schokolade über Dampf schmelzen, gut verrühren und leicht abkühlen lassen.

In der Zwischenzeit die Eier trennen und die Eidotter mit dem Zucker schaumig schlagen. Die Butter-Schokoladen-Mischung einrühren.

Das Eiweiß steif schlagen und den Eischnee vorsichtig unter die Masse rühren. Das Mehl unterheben.

Die Masse auf ein gefettetes Backblech gießen und ca. 25 Minuten im Rohr backen.

Zu guter Letzt:

Auf ein Brett stürzen und auskühlen lassen. Runde oder eckige Törtchen ausstechen und glasieren. Die Marillenmarmelade erwärmen und einen Tupfer auf jedes Törtchen geben.

SALZBURGER NOCKERL

Zutaten für
4–6 kleine Portionen 🍴🥄🍴

Zutaten:
4 Eier
60 g Staubzucker
20 g Mehl
Butter zum Ausfetten
der Förmchen
Staubzucker zum Bestreuen

Zubereitung:
Das Backrohr auf 160 °C Umluft vorheizen.

Die Eier trennen. Das Eiweiß steif schlagen und den Staubzucker löffelweise dazugeben, bis der Schnee glänzt. Die Eidotter mit dem Mehl verrühren und vorsichtig unter den Schnee heben.

Kleine Souffléförmchen ausbuttern, dabei die Butter von unten nach oben ziehen.

Zu guter Letzt:
Die Masse in die Förmchen füllen und ca. 5–7 Minuten backen (soll außen braun, aber innen noch weich sein). Mit Staubzucker bestreut servieren.

Tipp:
Schmeckt auch gut mit Preiselbeerrahm (siehe Seite 194).

„SÜSS WIE DIE LIEBE UND ZART WIE EIN KUSS."

Fred Raymond, Komponist, 1900–1954

Was wäre Salzburg ohne seine berühmten Nockerln. Zart und süß im Geschmack, ein flaumiger Hauch von nichts, „ein himmlischer Gruß", wie sie der österreichische Komponist Fred Raymond in seiner Operette „Saison in Salzburg" (1938) verewigt hat, und doch so sättigend, dass man sich eine Portion teilen sollte – wo wir wieder bei der besungenen Liebe sind.

Einer Legende zufolge soll die Entstehung der süßen Versuchung auf die Liaison des Salzburger Fürst-Erzbischof Wolf Dietrich von Raitenau (1559–1617) mit seiner nicht standesgemäßen Geliebten Salome Alt zurückzuführen sein, die ihn angeblich mit ihren sogenannten „Salzburger Nockerln" verwöhnt hat. Kulinarhistoriker können dieser Theorie jedoch nichts abgewinnen, erfand man den für die Zubereitung benötigten Backofen erst Anfang des 19. Jahrhunderts. Und trotzdem deuten einige historische Rezepte auf die Existenz der Salzburger Nockerln schon in früheren Zeiten hin. Damals wurden sie vermutlich in der Pfanne zubereitet.

Auch wenn das Geheimnis um ihre Schöpfung nicht gelüftet werden kann, so weiß man, dass die Luftigkeit das Geheimnis der flaumigen Süßspeise ist. Die Entdeckung, dass Teige mit geschlagenem Eiweiß „luftiger" werden, hat die Salzburger Nockerln und ihre typische Konsistenz erst möglich gemacht. Traditionell werden drei Nocken mit Puderzucker bestreut auf einer Silberplatte oder in einer Schüssel serviert. Dieses Erscheinungsbild erinnert an die mit Schnee „angezuckerten" Salzburger Hausberge zu Beginn des Winters. Beliebt ist der Genuss der „Königin der Aufläufe" mit Preiselbeerkompott.

Blick auf die Festung Hohensalzburg,
das Wahrzeichen der Stadt

SCHNEENOCKERL
MIT EIERLIKÖRCREME

**Zutaten für
16 kleine Portionen**

Zutaten:

4 Eiweiß
100 g Staubzucker
500 ml Milch

Für die Eierlikörcreme:

250 ml Milch
3 Eidotter
50 g Zucker
1 Pkg. Vanillezucker
3 EL Eierlikör

Zubereitung:

Das Eiweiß steif schlagen und den Staubzucker vorsichtig hineinsieben. Die Milch in einem flachen Topf zum Sieden bringen. Mit 2 Teelöffeln aus der Eischneemasse Nockerl formen und in die siedende Milch einlegen. Einmal aufwallen lassen, dann die Nockerl herausnehmen und in kleine Schüsselchen geben.

Für die Eierlikörcreme die Milch vom Kochen der Nockerl durch ein Sieb gießen und auf 250 ml auffüllen. Die Eidotter mit Zucker, Vanillezucker und der Milch über Dampf dick rühren. Den Eierlikör dazugeben und abkühlen lassen.

Zu guter Letzt:

Die Eierlikörcreme über die Schneenockerl gießen und servieren.

SCHOKOKUCHEN
MIT WEICHEM KERN

**Zutaten für
16 kleine Portionen**

Zutaten:

250 g Schokolade
(70 % Kakaoanteil)
250 g Butter
110 g Mehl
120 g Zucker
5 ganze Eier
5 Eidotter
Butter für die Förmchen

Zubereitung:

Das Backrohr auf 190 °C Ober- und Unterhitze vorheizen.

Schokolade und Butter über heißem Wasserdampf schmelzen.

In einer Schüssel Mehl und Zucker vermischen und die ganzen Eier nach und nach unterrühren.

Die Eidotter nach und nach unter die Schokolade-Butter-Mischung unterrühren, dann die Mischung unter die Mehl-Zucker-Eier-Mischung rühren.

Kleine Förmchen ausbuttern, dabei die Butter nach oben ziehen und zu 2/3 befüllen.

Zu guter Letzt:

Im Rohr ca. 8–10 Minuten backen. Sie sind fertig, wenn die Oberfläche die ersten Risse bekommt.

Tipp:

Diese Küchlein lassen sich hervorragend schon einige Stunden vor dem Backen vorbereiten bzw. auch einfrieren.

TOPFENSTRUDEL
MIT MARILLEN

**Zutaten für
12 kleine Strudel**

Zutaten:

125 g weiche Butter
250 g Topfen
2 Eier
125 g Sauerrahm
100 g Staubzucker
Vanille
Zitronenschale
6 Strudelblätter
500 g reife Marillen
flüssige Butter
zum Bestreichen

Zubereitung:

Das Backrohr auf 160 °C Umluft vorheizen.

Die Butter mit dem Zucker schaumig rühren. Die Eier trennen und die Eidotter dazugeben. Danach Topfen, Sauerrahm, Zitronenschale und Vanille hinzufügen. Das Eiweiß steif schlagen und unterziehen.

Die Marillen entkernen und vierteln.

Ein Strudelblatt mit flüssiger Butter bestreichen, ein zweites darauflegen und daraus Quadrate von circa 15 x 15 cm schneiden. Ein wenig von der Topfenmasse daraufgeben, ein paar Marillenstückerln dazu und vorsichtig einrollen, dabei die Seiten einschlagen. Mit dem Rest ebenso verfahren.

Die kleinen Strudel auf ein Blech legen, noch mal mit flüssiger Butter bestreichen und ca. 15 Minuten backen.

Zu guter Letzt:

Mit Staubzucker bestreut lauwarm servieren.

TOPFENTÖRTCHEN

Zutaten für
für ca. 30 Stück

Zutaten:
100 g weiche Butter
100 g blanchierte, geriebene
Mandeln
100 g Topfen
100 g Zucker
2 Eier
1 Pkg. Vanillezucker
Zitronenschale
Rum
Preiselbeergelee

Zubereitung:
Das Backrohr auf 160 °C Umluft vorheizen.

Die weiche Butter mit dem Zucker schaumig schlagen.
Die Eier trennen. Eidotter, Mandeln und Topfen dazugeben.
Vanillezucker, Rum und Zitronenschale unterziehen.
Das Eiweiß steif schlagen und vorsichtig unterheben.
Die Masse auf ein gefettetes Blech leeren und im Rohr
ca. 25 Minuten backen.

Zu guter Letzt:
Auskühlen lassen und stürzen. Kleine Küchlein ausstechen
und mit Preiselbeergelee dekorieren.

WÖRTERBUCH

Eierschwammerl	Pfifferlinge
Erdäpfel	Kartoffel
Fisolen	Grüne Bohnen
Fleckerl	Eckige Nudeln
Germ	Hefe
Grammeln	Grieben
Häuptel	Kopf einer Gemüsepflanze
Kalbsvögerl	ausgelöste Kalbshaxe
Karfiol	Blumenkohl
Karotte	Möhre
Kukuruz	Mais
Kraut	Weißkohl
Kren	Meerrettich
Marillen	Aprikosen
Maroni	Maronen
Nockerl	Spätzle
Schlagobers	Sahne
Paradeiser	Tomaten
Paradeispaste	Tomatenmark
Petersil	Petersilie
Powidl	Pflaumenmus
Ribisel	rote Johannisbeeren
Rote Rüben	Rote Beete
Rotkraut	Rotkohl
Sauerrahm	Saure Sahne
Schulterscherzerl	Schaufelstück
Schwammerl	Pilze
Semmel	Brötchen
Staubzucker	Puderzucker
Suppengrün	besteht aus Karotte, Lauch, Sellerie, Petersilwurzel und Petersil
Topfen	Quark
Vogerlsalat	Feldsalat

DANKE

Meinem lieben Mann, der mich seit vielen Jahrzehnten anspornt und unterstützt und auch all die Speisen kostet, die NICHT in einem meiner Kochbücher zu finden sind (siehe Ruth Reichl, Tender at the Bone – „Just as I thought. Spoiled!")

Meinen Kindern, die meine Begeisterung für Kochen und Essen teilen und gemeinsam mit mir immer wieder neue Dinge ausprobieren.

Meinem Kochbuch-Team: Verena Rudan, die seit mehr als 5 Jahren gemeinsam mit mir mehrere Male pro Woche in der Küche steht und für À Table! kocht. Sie ist so etwas wie meine zweite Hälfte geworden und es verbindet uns nicht nur die Liebe zum Kochen. Sie bringt die Genauigkeit und Ausdauer ein, wenn bei mir mal die Luft draußen ist und arrangiert und dekoriert mit Akribie bis zur letzten Sekunde.

Simone Leonhartsberger, Fotografin, Grafikerin und mittlerweile Freundin: Es macht so großen Spaß, mit ihr zu arrangieren, zu fotografieren und zu tüfteln, wie das beste Foto zustande kommen könnte.

Anita Luttenberger, die nun schon zum 4. Mal meine Rezepte akribisch unter die Lupe nimmt und dabei die kleinsten Fehler findet.

Meinem Verlegerpaar Stanzi und Bernhard Borovansky, dass sie an mich glauben und mich auch bei diesem Buch so unterstützen.

Allen Freunden und Bekannten, die meine österreichische Küche genauso lieben wie ich und die mich mit Rezepten und Tipps unterstützt haben.

Meiner Freundin Susanne Klobassa, die mir viele der in diesem Buch abgebildeten Teller und Schüsseln geliehen hat.

Johannes Pinterits von www.safranoleum.at, der dieses wunderbare Majoranöl herstellt, das in vielen meiner Rezepte zu finden ist. (Er stellt übrigens auch noch andere Gewürzöle her, allesamt sehr zu empfehlen!)

Und zu guter Letzt all meinen Freunden, Kunden und Kochschülern, ohne die meine Freude am Kochen nie zu dem geworden wäre, was sie jetzt ist: übergroß!

ZU GUTER LETZT

Gute Planung ist das halbe Menü und was man sonst so alles erleben kann

Um ein Catering reibungslos über die Bühne zu bringen, braucht es eine wohl durchdachte Planung, ausgeklügelte Logistik und schließlich eine präzise und detailgetreue Umsetzung. Und dennoch kann es vorkommen, dass die Kiste mit den sorgfältig gepackten Zutaten für das Fingerfood für 70 Personen unbemerkt im Kühlkeller zurückgelassen und ihr Fehlen erst beim Ausladen vor Ort bemerkt wird. Nachdem der Blutdruck zuerst gefährlich ansteigt und dann bedrohlich absackt, wird fiebernd nach dem Handy gefingert, um hilfreiche Geister zu alarmieren, die hoffentlich erreichbar und in der Lage sind, die drohende Katastrophe abzuwenden. Besagte Helfer im Hintergrund befinden sich nun zum Beispiel gerade an der Kasse eines Supermarktes mit voll beladenem Einkaufswagen und zwei kleinen Kindern am Rockzipfel, als der Notruf erfolgt.

Der Einkaufswagen bleibt augenblicklich sich selbst überlassen, die verstörten Kinder werden aufgefordert, um ihr Leben zu laufen, und unsanft ins Auto gestopft. Unter Missachtung aller Verkehrsregeln wird nun erwähnter Kühlkeller angepeilt, die Haustür aufgerissen, und, wen kümmert's, die Alarmanlage ausgelöst, die Kiste geschnappt (während die Kinder wiederholt darauf aufmerksam machen, dass doch die Alarmanlage ertönt) und dem schnell herbeigerufenen Taxifahrer in die Hand gedrückt. Dieser wiederum scheint den Ernst der Lage so gar nicht zu begreifen und tuckert gemütlich („Nur ka Stress, gnä' Frau") trotz wilder Beschwörungen Richtung Veranstaltungsort davon.

Es kann auch sein, dass auf dem Weg zu einem wichtigen Catering das Navi seinen Dienst verweigert, Hindernisse wie Baustellen und Staus zu Umwegen zwingen und der ohnehin nicht sehr ausgeprägte Orientierungssinn so schließlich gänzlich versagt. Die Zeit wird knapp, Nervosität kommt auf und steigert sich mit der Erkenntnis zu Panik, dass sich Straßenschilder und Stadtplan bei hereinbrechender Dunkelheit nicht mehr entziffern lassen. Die Reue darüber, das altersbedingte Schwächeln der Augen geflissentlich ignoriert zu haben, kommt zu spät. Was nun hilft, ist eine entspannte Stimme am Telefon, die das vor Aufregung klappernde Geschirr in den Kisten samt Fahrer sicher und ruhig bis zum Ankunftsort lotst.

Es kann ferner vorkommen, dass der Wein für die Gäste aufgrund von überfüllten Kühlschränken bei winterlichen Temperaturen kurzerhand draußen vor der Tür zwischengelagert wird. Dass es sich dabei nicht um Sperrmüll handelt, der zur freien Entnahme auf der Straße landet, dürften einige Passanten missverstehen, die sich dann eilig mit den Weinkisten unter dem Arm aus dem Staub machen. Das Wissen, wie sich Wasser in Wein verwandeln lässt, ist leider im Laufe der Geschichte verloren gegangen. Doch im Nu bündeln sich die Geheimtipps aller anwesenden Helfer zu einem Masterplan, wie und wo sich zu später Stunde trinkbarer und gekühlter Weißwein auftreiben lässt. Al Capone und seine Männer hätten es nicht besser machen können. Und dann ist da noch die Sache mit dem kleinen Blattsalat. Ob er sich vielleicht eigensinnig im hintersten Winkel des Kühlraumes verschanzt hat oder einfach nur vergessen wurde, lässt sich nicht mehr so genau sagen. Jedenfalls muss er mit Blaulicht nachgeliefert und genau fünf Minuten, bevor sich die Gäste zu Tisch begeben, durch die Hintertür in die Küche geschleust werden. So landet er pünktlich, obgleich noch völlig aus der Puste, neben Senfmousse und Lachstatar auf dem Teller.

Um ein Catering reibungslos über die Bühne zu bringen, braucht es eine wohl durchdachte Planung, ausgeklügelte Logistik und schließlich eine präzise und detailgetreue Umsetzung. Und noch ein bisschen mehr.

Verena Rudan
Wien, Juli 2019

MARTINA LESSING

Martina Lessing gründete 1998 À Table! in London, das sich innerhalb weniger Jahre zu einem exquisiten Catering-Unternehmen etablierte. Sie belieferte sowohl internationale Empfänge als auch Privathaushalte bei Feiern oder besonderen Anlässen. Seit Herbst 2011 hat Martina Lessing ihre Kochwerkstatt in Wien aufgebaut. Neben dem Catering-Service und Book-a-Cook bietet sie auch ihre beliebten Kochkurse an: **www.atable.at**

KOCHBÜCHER

216 Seiten, Hardcover
ISBN 978-3-99100-064-8
EUR 29,90

Entspannte Küche

Wie machen das bloß diese Haushaltsgenies, die das Essen schon mit dem ersten Türklingeln der Gäste fertig haben? Die nicht nur sensationell kochen können, sondern auch noch selbst diese unvergleichliche Ruhe ausstrahlen – als könnte dabei einfach nichts schiefgehen? Die ihren Gästen entspannt lächelnd ein herzliches Willkommen bieten, statt sie schweißgebadet zum Sofa zu bitten, um wieder in das Schlachtfeld Küche zu entschwinden?

Martina Lessing gehört zu diesen bewundernswerten Menschen. Die erfahrene Catering-Chefin weiß nämlich: Gute Planung ist die halbe Miete für ein gelungenes Essen mit lieben Freunden. Clevere Vorbereitung und einige geheime Profi-Tricks tun ein Übriges. In „Entspannte Küche" zeigt sie nun, wie das funktioniert: Mit einfach nachzukochenden Rezepten, die ganz entspannt „das gewisse Etwas" haben.

240 Seiten, Hardcover
ISBN 978-3-99100-167-6
EUR 29,90

Fingerfood & Feines

Freunde bekochen, Bekannte einladen, zu Hause ein Fest veranstalten – und das alles ohne Stress? Die erfolgreiche Köchin und Cateringspezialistin Martina Lessing zeigt, wie es geht, und widmet sich in diesem Kochbuch ganz der Einladung für Gäste. Denn Kochen für Freunde und Bekannte soll ein Vergnügen sein, das man sich nicht durch Stress verderben lassen darf. Mit Fingerfood und Bowl Food (kleine Leckerbissen in Schüsselchen) ist dies auf einfache und entspannte Weise möglich: Die kleinen Häppchen lassen sich bequem vorbereiten, ohne dass sekundengenaues Timing vonnöten wäre. Und das Beste: Für diese Rezepte bedarf es keiner Küchenbrigade und keiner Armee von Souschefs.

„Fingerfood & Feines" ist ein unentbehrlicher Wegbegleiter für alle, die gerne Gäste haben wollen, aber sich den Stress komplizierter Rezepte, die nur von Profiküchen zu bewältigen sind, nicht antun wollen. Alle Rezepte dieses Buches haben den „Roadtest" in Martina Lessings Cateringunternehmen *À Table!* bestanden und die wichtigsten Gastgeber Wiens und deren Gäste, von Botschaftern und Wirtschaftsmagnaten bis zur Wiener Gesellschaft, begeistert.

LITERATUR

Peter Peter: Kulturgeschichte der österreichischen Küche. München: C.H. Beck 2013

Ingrid Haslinger: Tafelspitz & Fledermaus. Die Wiener Rindfleischküche. Wien: Mandelbaum 2015.

Hannes Etzlstorfer (Hrsg.): Küchenkunst und Tafelkultur. Culinaria von der Antike bis zur Gegenwart. Wien: Christian Brandstätter Verlag 2006.

Thomas Bernhard: Ritter, Dene, Voss. Frankfurt am Main: Suhrkamp 1984.

Friedrich Torberg: Die Tante Jolesch oder Der Untergang des Abendlandes in Anekdoten. 3. Auflage. München: Deutscher Taschenbuch Verlag 1978.

Quellen und weiterführende Links:
Meissl & Schadn: https://meisslundschadn.at
Figlmüller: https://figlmueller.at
Plachutta: https://www.plachutta.at
Café Landtmann: https://www.landtmann.at/de/cafe-landtmann.html
Café Hawelka: http://www.hawelka.at/cafe/de/geschichte
Konditorei Jindrak: https://www.jindrak.at/original-linzer-torte
https://www.radatz.at/de/fleischereien/rezept/rezept/rindsgulasch
https://www.tagesspiegel.de/themen/genuss/biografisches-der-der-untergang-des-abendlands-in-anek-doten-tante-jolesch-das-vermaechtnis/1323706.html
https://www.bmnt.gv.at/land/lebensmittel/trad-lebensmittel/speisen/gulasch.html
https://www.unesco.at/kultur/immaterielles-kulturerbe/oesterreichisches-verzeichnis/detail/article/wiener-kaffeehauskultur
https://www.falstaff.at/nd/die-welt-der-tante-jolesch-wiener-kaffeehaus-kultur/?utm_source=copy&utm_medium=paste&utm_campaign=copypaste
https://www.austria.info/at/aktivitaten/essen-und-trinken/kaffeehauskultur-in-osterreich/wien-lebensgefuhl-kaffeehaus
https://www.bmnt.gv.at/land/lebensmittel/trad-lebensmittel/speisen/gugelhupf.html
https://www.bmnt.gv.at/land/lebensmittel/trad-lebensmittel/speisen/linzer_torte.html
https://www.bmnt.gv.at/land/lebensmittel/trad-lebensmittel/speisen/kaiserschmarren.html
https://www.kulinarisches-erbe.at/geschichte-der-ess-trinkkultur/historische-kuechen/oesterreichische-regionalkuechen/salzburger-kueche/salzburger-nockerl
https://www.bmnt.gv.at/land/lebensmittel/trad-lebensmittel/speisen/salzburger_nockerln.html
https://www.bmnt.gv.at/land/produktion-maerkte/tierische-produktion/fischzucht-oe/aquakultur.html
https://www.bmnt.gv.at/land/lebensmittel/trad-lebensmittel/speisen/salzburger_nockerln.html